Christian Simon · Berlin Grotesk

W0059603

Christian Simon

Berlin GROTESK

Die Mauer
im absurden Alltag einer Millionenstadt

Christian Simon Verlag

ISBN 978-3-936242-14-0

© Christian Simon Verlag Berlin 2011

Satz: Peter Rohr Druckservice, Zeuthen
Druck: AZ Druck und Datentechnik GmbH, Berlin
Bindung: Stein + Lehmann, Berlin

Inhaltsverzeichnis

Vorwort 7

Wie es zum Bau der Berliner Mauer kam 9

Wie die Einwohner Berlins voneinander getrennt wurden 15

Wie es zum Passierscheinabkommen kam 17

Wie die Ostpolitik zu Erleichterungen führte 22

Wie der Bus- und Straßenbahnverkehr getrennt wurde 26

Wie das S-Bahn-Netz zerschnitten wurde 28

Wie der Bahnhof Friedrichstraße zum „faszinierendsten Bahnhof
unseres Planeten" wurde 32

    Wie West-Berlin die S-Bahn boykottierte 38

    Wie die S-Bahn im Grenzgebiet unterwegs war 40

Wie der Verkehr zwischen West-Berlin und der Bundesrepublik
geregelt wurde 42

    Der Flugverkehr 42

    Der Bahnverkehr 44

    Der Straßenverkehr 45

Wie Splitter in der DDR – Die West-Berliner Exklaven 50

Wie die Berliner zu Deutschen zweiter Klasse wurden 70

Wie Türen und Fenster vermauert wurden – Die Bernauer Straße 72

Ein Mauerspaziergang –
Vom Brandenburger Tor zum Checkpoint Charlie 82

    Der Fall Peter Fechter 99

Schlussbemerkungen 101

Literaturverzeichnis 104

Abbildungsverzeichnis 106

Vorwort

Im West-Berliner Bezirk Wilmersdorf kam ich 1960 zur Welt und lebte hier seit meiner Kindheit. Deshalb hatte ich schon früh ein besonderes Verhältnis zur Berliner Mauer. Die Sperranlagen wurden errichtet, als ich 15 Monate alt war. So hatte ich ein Berlin ohne Grenzanlagen in meiner Kindheit nie kennen gelernt. Als Steppke nahm ich von der Mauer erst allmählich Kenntnis. Zunächst glaubte ich sogar, es sei völlig normal, dass eine Stadt durch eine Mauer begrenzt wird. Denn wäre das nicht der Fall, würde eine Stadt sich ja ohne ein Ende unbegrenzt ins Umland erstrecken. Wie groß war mein Erstaunen, als ich – zu Besuch bei meinen Großeltern in Ostwestfalen – feststellte, dass die Städte dort einfach dadurch „aufhören", indem es keine Häuser mehr gibt und sich Felder oder Wald anschließen. Das erschien mir plötzlich logisch. Es musste mit dieser Mauer in Berlin also eine besondere Bewandnis haben. Und darüber sollte ich in den kommenden Jahren mehr und mehr erfahren, zumal wir auch Verwandte in Ost-Berlin und in der DDR hatten.

So ist dieses Buch nicht nur eine persönliche Abrechnung mit der Mauer, auch mehr als eine Aufarbeitung des „Mauerkollers". Vielmehr möchte ich hier als Zeitzeuge die damaligen Verhältnisse schildern und dabei auch von einigen Erlebnissen berichten.

Das Verwandte und Freunde durch die Berliner Mauer getrennt wurden, ist allgemein bekannt und vielfältig dokumentiert worden. Das müsste man nicht in einem weiteren Buch wiederholen. Doch darüber hinaus führte die Mauer zu völlig aberwitzigen Verhältnissen im Alltag einer geteilten Millionenstadt. Einige dieser bizarren Situationen werden hier in Erinnerung gerufen. Ältere Berliner werden sich wohl wieder erinnern, Nachgeborene dürften die Schilderungen mit ungläubigem Erstaunen lesen. Dieses Buch will dem Vergessen entgegen wirken. So wird deutlich, zu welch grotesken Zuständen es kommen kann, wenn Ideologien rücksichtslos durchgesetzt werden.

Christian Simon
Berlin-Südende im April 2011

Wie es zum Bau der Berliner Mauer kam

An dieser Stelle soll nicht die deutsche Nachkriegsgeschichte referiert werden. Die haben andere Publikationen bereits ausführlich dargestellt. Die Kenntnis der historischen Epoche in Grundzügen wird hier vorausgesetzt.

Vom Oktober 1949 bis zum 13. August 1961 flüchteten knapp 2,7 Millionen Menschen aus der DDR, davon 1,6 Millionen über die offenen Grenzen nach West-Berlin. Gründe dafür waren die schwierige ökonomische und gesellschaftspolitische Situation in der DDR, nachdem 1952 der Aufbau des Sozialismus verkündet worden war. Das bedeutete z. B. die Zwangskollektivierung der Landwirtschaft (Zusammenlegung kleiner privater Betriebe zu genossenschaftlichen Großbetrieben), was allein im 1. Halbjahr 1953 über 7.700 Bauern in die Flucht trieb.

Andere Gründe waren beispielsweise die Ablehnung der Ideologie, die Nichtzulassung zur Hochschule, eine Verpflichtung zum Spitzeldienst gegen die Mitbürger, die Verpflichtung zum Eintritt in die Armee, die Verfolgung wegen Beziehungen zum Westen, die Verstaatlichung der Wirtschaft oder der Wunsch nach besseren Einkommens- und Wohnungsverhältnissen.

Bereits 1952 hatte es in der DDR-Regierung Überlegungen gegeben, die Sektorengrenze zwischen Ost- und West-Berlin zu schließen, um die Fluchtbewegung zu stoppen. Doch das ZK der KPdSU lehnte diesen Vorschlag am 2. 1. 1953 ab.

Nachdem seit 1952 die innerdeutschen Grenzsperren nach und nach immer weiter verstärkt wurden, blieb vielen Menschen nur noch die Flucht über die zunächst noch offenen Sektorengrenzen in Berlin. 1960 kamen 153.000 Menschen über die Grenze in Berlin, aber nur noch 30.000 gelangten über die innerdeutsche Grenze.

Der unvermindert anhaltende Flüchtlingsstrom aus der damaligen DDR über die noch offenen Berliner Sektorengrenzen stellt den „ersten Arbeiter- und Bauernstaat auf deutschem Boden" zunehmend vor ernste Probleme. Die DDR verlor dringend benötigte Fachkräfte, deren Ausbildung finanziert worden war. Zudem zeigten die Berichte über Republikflüchtlinge und deren Fluchtgründe in den Medien der Bundesrepublik die wirklichen Zustände in der DDR.

Walter Ulbricht, Regierungschef der DDR, hatte mehrfach vergeblich versucht die Zustimmung der Sowjetunion zur Schließung der Grenze zu bekommen. Wie dramatisch die Lage in der DDR tatsächlich war, erklärte Ulbricht dem sowjetischen Generalsekretär Chruschtschow am 1. 8. 1961. In der Niederschrift des Telefongespräches heißt es u. a.:

Ich beginne mit der Erläuterung unserer wirtschaftlichen Lage. Zwei Monate lang gab es bei uns keine Kartoffeln zu kaufen. ... Es liegt daran, ... das das Wetter feucht war, so dass die Kartoffeln in den Mieten verfault sind. Mit der Vergenossenschaftlichung hat das überhaupt nichts zu tun.

Außerdem wächst bei uns der Butterverbrauch, und es gibt nicht genügend Butter. In der Hälfte der Bezirke der DDR wurde der Plan der Milchablieferung nicht erfüllt. ...

All das hat in der Bevölkerung gegnerische Stimmung erzeugt. ... Außerdem haben wir verboten, aus Milch Sahne herzustellen, was manchem ebenfalls nicht gefällt.

Zu der besagten Jahreszeit sind bei uns an Gemüse in der Regel nur Sauerkraut und saure Gurken auf dem Markt. ... Im Winter war bei uns das Futter knapp, da wir im vergangenen Jahr eine Missernte hatten. Ein Teil des Viehs ist verendet. ... Außerdem übersteigt die Kaufkraft der Bevölkerung bei uns gegenwärtig das Warenangebot um zwei Milliarden Mark. Die Bevölkerung stellt Forderungen, die nicht befriedigt werden können. Das Problem des Kaufkraftüberhangs gegenüber dem Angebot können wir bei offener Grenze nicht lösen. ... Neben der Wühltätigkeit Westdeutschlands gibt es also eine Reihe Fragen, die bei offener Grenze nicht zu lösen sind. Wir erleiden große Verluste durch die Grenzgänger (Personen, die in der DDR wohnen und in West-Berlin arbeiten) *und die Republikflucht. ... Um die Stimmung in der DDR zu verändern, muss man der Bevölkerung ... eine ökonomische Perspektive aufzeigen, die sie gegenwärtig nicht hat. ... Wir haben im Politbüro beschlossen, um Arbeiter aus Bulgarien und Polen zu bitten.*

Zu dieser Zeit hatte die Regierung der Sowjetunion bereits erkannt, dass die Schließung der Grenze in Berlin unvermeidlich geworden war. Gab es Alternativen? Die Sowjetunion war weder Willens noch in der Lage, die wirtschaftliche Lage in der DDR schnell und effektiv zu verbessern. Eine Veränderung des gesellschaftspolitischen Systems kam ebenfalls nicht in Frage, denn eine „zweite" Bundesrepublik hätte es nicht gebraucht. Damit wäre die Existenzberechtigung der DDR entfallen.

Und die Zeit drängte. Im Juli 1961 hatten über 30.000 Menschen die DDR verlassen. Rein rechnerisch wäre die DDR bei gleichbleibendem Aderlass 1967 menschenleer gewesen.

Am Wochenende vor dem Mauerbau registrierte man in West-Berlin 3.268 Flüchtlinge. In den letzten 24 Stunden (12. August 1961, 8.00 Uhr, bis 13. August 1961, 8.00 Uhr) wurden im Flüchtlingslager Berlin-Marienfelde noch rund

2.400 Flüchtlinge registriert. Die Springer-Presse titelte diese Zahlen in dicken Lettern wie Siegesmeldungen.

Im gleichen Telefongespräch wie über die wirtschaftliche Lage (s. o.) wurde abschließend auch über die Schließung der Grenze gesprochen. Erst war ein Termin Ende August ins Auge gefasst worden, aber die DDR entschied sich um den 10./11. 8. wegen der massenhaften Abwanderung dazu, den Termin vorzuverlegen. Zum Zeitpunkt dieses Telefonates am 1. 8. stand der Termin also noch nicht fest:

W. Ulbricht: *... Jetzt zur Schließung der Grenze. ... In dieser Woche wird Ebert (Ober-*

Das Bundesnotaufnahmelager in Berlin-Marienfelde im April 1960. Foto: Horst Siegmann

bürgermeister von Berlin-Ost/Anm.) *sich an die Bevölkerung der DDR mit der Bitte wenden, bis zur Normalisierung der Lage von Reisen nach Berlin abzusehen. Zugleich wird der Autobusverkehr nach Berlin eingestellt. Aber die Leute werden fragen, weshalb sie nicht in Ihre eigene Hauptstadt fahren dürfen. Das muss man erklären.*

N. S. Chruschtschow: *Das darf man nicht zulassen, sie müssen die Möglichkeit haben, in Ihre Hauptstadt zu fahren.*

W. Ulbricht: *Technisch können wir das in zwei Wochen vorbereiten.*

N. S. Chruschtschow: *Führt das durch, wann Ihr wollt, wir können uns jederzeit darauf einrichten. ... Wir müssen ein gemeinsames Kommuniqué veröffentlichen, wo die DDR im Interesse der sozialistischen Länder gebeten wird, die Grenze zu schließen. Dann machen Sie das auf unsere Bitte. ... Vor Einführung des neuen Grenzregimes sollten Sie überhaupt nichts erläutern, denn das würde die Fluchtbewegung nur verstärken und könnte zu Staus führen. Das muss so gemacht werden, wie wir den Geldumtausch realisiert haben. Wir lassen euch jetzt ein, zwei Wochen Zeit, damit Ihr euch wirtschaftlich vorbereiten könnt. Dann beruft ihr das Parlament ein und verkündet folgendes Kommuniqué: „Ab morgen werden Posten errichtet und die Durchfahrt verboten. Wer passieren will, kann das nur mit Erlaubnis* *bestimmter Behörden der DDR tun.*" Es wird eine Ordnung eingeführt, um nie-manden nach Berlin hinein und dann auch zur Grenze Berlins zum Westen zu lassen.

Wenn diese Frage schon jetzt so gestellt wird, dann versuchen die Spießbürger – *da sind sich russische und deutsche gleich – wegzukommen. … Genosse Perwuchin* (Sowjetischer Botschafter in der DDR/Anm.) *hat gesagt: Sollen die Leute sich* *doch nach Westberlin absetzen, von dort kommen sie ohnehin nicht weg. Aber das ist* *undenkbar, denn dann entstehen in Westberlin riesige Lager, die sie den Touristen* *zeigen werden.*

W. Ulbricht: *Ja, denn die Grenze verläuft innerhalb Berlins.*

N. S. Chruschtschow: *Ich würde die Kontrolle nur in Berlin errichten, nicht* *außen herum.*

W. Ulbricht: *Für den Anfang ist die Kontrolle der Außenlinie notwendig,* *damit die bewussten Personen sich nicht schon jetzt in Berlin ansammeln. Die Außen-linie besteht wegen des Viermächtestatus, wir sind jedoch der Meinung, dass die* *Grenze innerhalb Berlins verläuft. Vor allem muss es schnell gehen.*

N. S. Chruschtschow: *Wenn die Grenze geschlossen wird, werden Amerika-ner und Westdeutsche zufrieden sein. Botschafter Thompson* (US-Botschafter in Moskau/Anm.) *hat mir gesagt, dass diese Flucht den Westdeutschen Ungelegenhei-ten bereitet. Wenn Sie also diese Kontrolle errichten, werden alle zufrieden sein. Außer-dem bekommen die Ihre Macht zu spüren.*

W. Ulbricht: *Ja, dann wird eine Stabilisierung erreicht werden.*

N. S. Chruschtschow: *Ich habe eine technische Frage. Wie wird die Kontrolle* *auf den Straßen realisiert, wo eine Seite in der DDR und die andere in Westberlin* *liegt?*

W. Ulbricht: *Wir haben einen bestimmten Plan. In den Häusern, die Aus-gänge nach Westberlin haben, werden die vermauert. An anderen Stellen werden* *Stacheldrahthindernisse errichtet. Der Stacheldraht ist bereits angeliefert. Das kann* *alles sehr schnell geschehen. Schwieriger wird es mit dem Verkehr. Wir werden die* *Bahnsteige von S- und U-Bahn für das Umsteigen nach Westberlin umbauen.*

N. S. Chruschtschow: *Wer wird denn da umsteigen?*

W. Ulbricht: *Der Teil der Bevölkerung, der eine Reiseerlaubnis erhält. Es gibt* *zum Beispiel 14 000 Personen, darunter viele Vertreter der Intelligenz, die in West-berlin wohnen und bei uns arbeiten.*

N. S. Chruschtschow: *Eine weitere Frage. Wenn Ihr euren Leuten gestattet,* *in Westberlin zu wohnen, dürfen dann Personen, die bei euch wohnen, auch drüben* *arbeiten?*

W. Ulbricht: *Nein, das wird nicht gestattet, das ist etwas anderes. Allerdings* *haben wir einige Tausend Kinder, vorwiegend aus kleinbürgerlichen Familien, die* *in Ostberlin wohnen und in Westberlin zur Schule gehen.*

N. S. Chruschtschow: *Das muss unterbunden werden.*

W. Ulbricht: *Ja, die lassen wir nicht mehr dorthin.*
Bisher sind unsere Züge nach Potsdam durch Westberlin gefahren. Jetzt werden sie es auf DDR-Gebiet umfahren müssen. … Wir haben bereits den Kampf gegen den Menschenhandel aufgenommen. Der Gegner spürt, dass wir uns darauf vorbereiten, die Grenze zu schließen. …
Das Gespräch dauerte zwei Stunden und 15 Minuten.

Noch am gleichen Tag gab Ulbricht dem stellvertretenden Chefredakteur der Londoner Zeitung „Evening Star" Mark Wilson ein Interview, aus dem die hier interessierende Passage zitiert sei:
Wilson: *Gibt es von Ihrer Seite, Herr Ulbricht, irgendeine Drohung, die Grenzen zu schließen?*
Ulbricht: *Eine solche Drohung gibt es nicht. …*
Im Weiteren schränkte Ulbricht ein, das dies von vertraglichen Regelungen abhängt. Daher hakte der Journalist nach:
Wilson: *Es gibt also überhaupt keine Frage, dass etwa die Grenzen geschlossen werden sollen? Ist es richtig zu sagen: Sie hätten heute nicht die Absicht, die Grenzen zu schließen?*
Ulbricht: *Das ist richtig. Voraussetzung ist, dass die andere Seite friedliche Absichten bezeugt, indem sie zu normalen Beziehungen übergeht.*

Obwohl der Beschluss zur Schließung der Grenze ja längst gefallen war, stellte sie Ulbricht in Abrede, hielt sich aber ein Hintertürchen offen. Er forderte einen Friedensvertrag, um damit die alleinige Kontrolle über die Zugangswege nach West-Berlin zu erlangen. Dann hätte die DDR die „Daumenschrauben" ansetzen können, ohne Einspruchsmöglichkeiten von alliierter Seite.
Das gesamte Interview wurde am folgenden Tag in großer Aufmachung in der DDR-Zeitung „Neues Deutschland" publiziert. Um die Fluchtwelle nicht weiter anzuheizen schien es geboten, die Schließung der Grenzen in Abrede zu stellen.
Aber die Fragen Wilsons zeigen, dass dieser Punkt diskutiert wurde. Ein weiteres Beispiel ist die Äußerung des Vorsitzenden des außenpolitischen Ausschusses des amerikanischen Senats, William Fulbright. In einem Fernsehinterview sagte er am 30. 7. 1961: *Ich verstehe nicht, warum die Ostdeutschen ihre Grenze nicht schließen, denn ich glaube, dass sie ein Recht dazu haben.*
Es gab auch etliche Anzeichen dafür, dass der Zeitpunkt für rigorose Maßnahmen zur Abschnürung nicht mehr lange auf sich warten lassen würde. Nur der Stichtag blieb offen. Dem Westen lagen Berichte über Truppenbewegungen und über die Lagerung von leichtem Sperrmaterial vor.
Zudem leitete die Volkspolizei der DDR am 2. August eine Kampagne gegen sogenannte „Grenzgänger" ein, die in Ost-Berlin wohnten, aber in West-

Berlin arbeiteten: Sie nahm ihnen in grenznahen Gebieten die Personalausweise ab, verschärften die Kontrollen auf den Grenzbahnhöfen und holten Fluchtverdächtige aus den Zügen.

Doch als in den frühen Morgenstunden des 13. August die Absperrmaßnahmen begannen, traf diese Aktion die Menschen in Ost und West völlig überraschend. Treffend heißt es auch in einem Lied der DDR-Grenztruppen: *Es war an einem Sonntag, am 13. August, da schlossen wir die Grenze und keiner hat's gewußt. Klappe zu, Affe tot, endlich lacht das Morgenrot.* Text Heinz Kahlau, Musik Wolfgang Lesser. Und der Berliner Rundfunk höhnte zu schmissiger Musik: *Unser schönes Berlin wird sauber sein, denn wir haben den kalten Kriegern am Rhein ihre Menschenfalle verriegelt und mit rotem Wachs versiegelt.*

In den frühen Morgenstunden des 13. August 1961 wurden Straßen- und Eisenbahnverbindungen zwischen beiden Teilen Berlins und der DDR zunächst „nur" mit Stacheldrahtbarrieren gesperrt. Drei Tage später begann der Bau einer Mauer.

Wie die Einwohner Berlins voneinander getrennt wurden

Wie allen DDR-Bürgern war auch Ost-Berlinern mit Beginn der Absperr-maßnahmen bis auf wenige Ausnahmen der Besuch West-Berlins verwehrt. Am Montag, dem 14. August 1961, fand im Sitzungssaal des Politbüros eine außerordentliche Sitzung des Politbüros des Zentralkomitees der SED statt. Tagesordnung: *Stellung zur gegenwärtigen Lage und dem Stand der durchgeführten Maßnahmen auf Grund des Beschlusses der Volkskammer und des Ministerrates. Berichterstatter: Genosse Honecker.*

In der Anlage Nr. 1 zum Protokoll 42 vom 14. 8. 1961 heißt es unter Punkt 13:

Von der Ausstellung von Bescheinigungen für Bürger der DDR (demokratisches Berlin) für den Besuch von Westberlin ist bis auf weiteres abzusehen. Die Antragsteller sind zu registrieren.

So konnten also zunächst nur noch West-Berliner über – vorläufig noch – dreizehn kontrollierte Grenzübergangsstellen nach Ost-Berlin gelangen. Am 20. August passierten beispielsweise nach Schätzungen des West-Berliner Polizei 7.000 Menschen an einem einzigen Übergang die Sektorengrenze.

Doch auf der Sitzung des Politbüros des Zentralkomitees der SED am Dienstag, dem 22. August 1961 wurde laut Protokoll Nr. 45/61 unter den Punkten 3 und 4 beschlossen:

3. *Für Reisen in das kapitalistische Ausland werden die bisherigen Genehmigungen ungültig. Sie sind neu zu beantragen.*

4. *Die Vorlage über die Einführung der Genehmigungspflicht für Westberliner Bürger zum Betreten der Hauptstadt der DDR wird bestätigt.*

In der Anlage Nr. 2 heisst es dann:

Es wird vorgeschlagen, daß sich der Oberbürgermeister der Hauptstadt der DDR an den Senat von Westberlin mit dem Ersuchen wendet, die Genehmigung zur Einrichtung zweier Zweigstellen des Deutschen Reisebüros in Westberlin zu erteilen, um Besuche Westberliner Bürger in der Hauptstadt der DDR zu ermöglichen.

Im Falle der Ablehnung durch den Westberliner Senat kann entweder ein schriftlicher Antrag direkt an das Polizeipräsidium der Hauptstadt der DDR gerichtet werden oder an zwei Zweigstellen des Deutschen Reisebüros im Bahnhof Zoo und in einem zweiten Bahnhofsgebäude.

Der Senat in West-Berlin lehnte diesen Vorschlag ab, weil nach der damals vorherrschenden politisch motivierten Rechtsauffassung der Magistrat von Ost-Berlin keine Amtsbefugnisse in West-Berlin ausüben könne. Man werde keine Einrichtungen dulden, die Anordnungen von DDR-Behörden durchführen. Zusätzlich veröffentlichte die Alliierte Kommandantur (die nur noch aus den Westalliierten bestand) einen am 25. August veröffentlichten Befehl. Damit wurde die Einrichtung und der Betrieb von Büros zur Ausgabe von Aufenthaltsgenehmigungen für Bürger West-Berlins zum Betreten des sowjetischen Sektors auf dem Boden von West-Berlin verboten. West-Berliner Polizeibeamte in Zivil begannen nun an den Sektorenübergängen mit der Kontrolle aller Personen, die aus dem Ostsektor kamen. „Unerwünschten Personen", insbesondere SED-Propagandisten und Agenten, sollte der Zutritt nach West-Berlin verwehrt werden. Denn um diese musste es sich wohl handeln, wenn ‚normalen' DDR-Bürgern der Zugang nach West-Berlin verboten wurde.

Somit konnten nun weder Ost- noch West-Berliner in den jeweils anderen Teil der Stadt gelangen – von ganz wenigen Ausnahmen abgesehen.

Eine dieser Ausnahmen war beispielsweise Wolf Leder, von 1954–1989 Ausstattungschef (Kostüme und Kulissen) vom Friedrichstadtpalast. Als 1961 die Mauer kam, wurde er zum Wanderer zwischen den Welten. Wolf Leder fuhr jeden Tag von der Acht-Zimmer-Wohnung in Halensee, wo er seit 1937 wohnte, über den Grenzübergang für Künstler in der Invalidenstraße in ‚seinen' Palast. Ein Angebot, in eine Villa am Müggelsee zu ziehen, lehnte er ab. Dennoch musste Leder im Westen zusätzlich arbeiten, u. a. im Theater des Westens, weil er mit dem Ostgeld in West-Berlin keine Rechnungen bezahlen konnte.

Leder starb am 24. 8. 2009 im Alter von 103 Jahren in seiner Wohnung. Auf S. 37 wird ein weiteres Beispiel geschildert.

Wie es zum Passierscheinabkommen kam

Die große Masse der West-Berliner konnten ihre Verwandten und Freunde im Ostteil der Stadt weiterhin nicht treffen. Es gab auch bis in die 1970er Jahre hinein keinen Telefonverkehr. Man konnte sich gegenseitig lediglich Briefe schreiben, Pakete schicken oder sich in einem Ostblock-Land treffen. Doch dazu fehlte den meisten Menschen das Geld, zumal es organisatorische Schwierigkeiten gab, wie etwa Urlaub zur gleichen Zeit usw.

So wuchs der Druck auf den West-Berliner Senat mit der DDR endlich über Besuchsmöglichkeiten zu verhandeln.

Einen politischen Anknüpfungspunkt dazu lieferte Egon Bahr, damals Leiter des Presse- und Informationsamtes des Landes Berlin. In einer Rede in der Evangelischen Akademie Tutzing am 15. 7. 1963 schlug er eine Strategie des „Wandels durch Annäherung" gegenüber dem Ostblock und insbesondere der DDR vor. Jede Politik zum direkten Sturz des DDR-Regimes sei aussichtslos. Daher müsse eine Politik der Erleichterungen für die Menschen in der DDR so gestaltet werden, „dass sich daraus nicht die Gefahr eines revolutionären Umschlags ergibt, die das sowjetische Eingreifen aus sowjetischem Interesse zwangsläufig auslösen würde". Diese Rede Bahrs galt später als Beginn der SPD-Ostpolitik (s. dazu S. 22), die Willy Brandt als Bundeskanzler umsetzte.

Humanitären Erwägungen sollte nun ein gewisser Vorrang vor Statusfragen eingeräumt werden. Nach Signalen von westlicher Seite, richtete der stellvertretende Ministerpräsident der DDR, Alexander Abusch am 5. 12. 1963 ein Schreiben an den Regierenden Bürgermeister West-Berlins, Willy Brandt. Darin erklärte er die Bereitschaft, Passierscheine auszugeben, um West-Berliner Bürgern wieder Verwandtenbesuche im Osten der Stadt zu ermöglichen. Brandt nahm den Brief an, statt ihn ungeöffnet zurückzusenden – ein Tabubruch.

Einerseits wollte die DDR durch die Besuchsmöglichkeiten dem aufgestauten Ärger in der Bevölkerung Ost-Berlins ein Ventil schaffen. Andererseits versuchte sie durch die Passierscheinabkommen ihre diplomatische Anerkennung durchzusetzen. Das SED- Regime bemüht sich daher, die Abkommen als völkerrechtliche Verträge erscheinen zu lassen.

Der Senat hatte ja bereits kurz nach dem Mauerbau die von der DDR angestrebte Einrichtung von Zweigstellen des Deutschen Reisebüros der DDR

*Wartende Menschen vor der Passierscheinstelle Gotenburger Straße 7 (Wedding) am
6. 10. 1964. Foto: Johann Willa*

zur Ausgabe von Reisedokumenten verhindert. Um nicht das Gesicht zu verlieren, aber auch aus grundsätzlichen politischen Erwägungen, war das also kein
gangbarer Weg.

Dazu muss man wissen: Es gab zu der Zeit weder eine gegenseitige Anerkennung staatlicher Einrichtungen zwischen der Bundesrepublik Deutschland
und der Deutschen Demokratischen Republik, noch offizielle Kontakte zwischen den Behörden West- und Ost-Berlins. Daher stand man vor dem Problem, mit welchem Personal man die einzurichtenden Passierscheinstellen in
West-Berlin besetzen sollte. Polizeiangehörige und vergleichbares Personal als
Hoheitsträger aus der DDR waren in West-Berlin wegen der Bedeutung solcher
Schritte für den Berlin-Status nicht erwünscht.

Der Passierschein-Übereinkunft vom 17. Dezember waren komplizierte
Verhandlungen vorausgegangen. Vom 12. Dezember an trafen sich die Unter-
händler zu sieben Sitzungen. Getagt wurde im „Haus der Ministerien" in der
Leipziger Straße (heute Bundesministerium der Finanzen) und im Dienstsitz
des Senators für Verkehr und Betriebe in der Charlottenburger Fasanenstraße.
Dieses Gebäude war vom Senat gewählt worden, weil darin auch das „Berliner

18

Passierscheinstelle Wilsnacker Straße 7–8 (Tiergarten) am 6. 10. 1964.
Foto: Johann Willa

Verkehrsamt" untergebracht war und so dem Vorwurf begegnet werden konnte, der Senat würde mit den DDR-Vertretern auf „hoheitlichem Gebiet" verhandeln.

Die Lösung des Problems: Es wurden s c h e i n b a r e Mitarbeiter der Deutschen Post der DDR eingesetzt, also Mitarbeiter des Ministeriums für Staatssicherheit in Postuniformen. So verhinderte der Westen amtliche Behördenvertreter aus dem Osten, der Osten konnte Staatsbedienstete zur Passierscheinerteilung einsetzen.

Dieses Verfahren konnte natürlich nur mit Billigung der CDU-geführten Bundesregierung und der Westmächte zustande kommen, weil die Vereinbarung nur als verwaltungstechnische Vereinbarung angesehen wurde. Die Bundesregierung und der West-Berliner Senat betonten, dass „der Rechtsstatus von Berlin durch diese Vereinbarung nicht geändert wird".

Der Unterhändler der Senatsverwaltung in West-Berlin Horst Korber und der DDR-Staatssekretär Erich Wendt unterzeichneten schließlich am 17. 12. 1963 ein Passierscheinprotokoll, das erste Passierscheinabkommen.

Das bedeutete aber nun keineswegs, dass jeder der dazu Lust hatte, einfach zum nächsten Grenzübergang gehen konnte, um nach Ost-Berlin zu gelangen. Diese Vereinbarung war weitaus komlizierter und betraf ausschließlich Verwandtenbesuche.

In der Anlage zum Abkommen hieß es:

I: 1. *In der Zeit vom 19. Dezember 1963 bis zum 5. Januar 1964 können Einwohner von Berlin (West) mit einem Passierschein ihre Verwandten in Berlin (Ost)/Hauptstadt der DDR besuchen.*

2. *Als Verwandtenbesuch gilt der Besuch von Eltern, Großeltern, Enkeln, Geschwistern, Tanten und Onkeln, Nichten und Neffen sowie der Ehepartner dieses Personenkreises und der Besuch von Ehegatten untereinander.*

3. *Staatssekretär Wendt erklärt, Voraussetzung für die Genehmigung von Besuchsanträgen sei, daß der Antragsteller nicht gegen die Gesetze der DDR verstoßen hat.*

II: 1. *Es werden für die Zeit vom 18. Dezember 1963 bis 4. Januar 1964 Stellen eingerichtet, in denen Antragsformulare ausgegeben, Anträge auf Passierscheine angenommen und solche Passierscheine ausgehändigt werden. ...*

2. *Die Stellen sind werktags von 13.00 bis 18.00 Uhr geöffnet. Die Ausgabe der Antragsformulare und die Entgegennahme der Anträge auf Passierscheine erfolgt in der Zeit vom 18. Dezember 1963 bis 3. Januar 1964. Die Ausgabe der Passierscheine erfolgt in der Zeit vom 19. Dezember 1963 bis 4. Januar 1964. ...*

Quelle: „Berliner Protokoll über die Ausgabe von Passierscheinen an Westberliner ..."

In den Turnhallen von zwölf Schulen in zwölf West-Berliner Bezirken wurden die Passierscheinstellen eingerichtet, z. B. in der Schiller-Schule in Charlottenburg. Schon kurz nach Mitternacht stellten sich dort die Menschen in den kalten Dezembernächten an und warteten bis zu 12 Stunden und länger.

Dort wurden die Anträge abgegeben, sie wurden nach Ost-Berlin geschafft, dort bearbeitet und in der Regel genehmigt. Dann brachte man sie wieder nach West-Berlin zurück, wo der Antragsteller ein zweites Mal kommen musste, um die Passierscheine abzuholen.

Alle Mitbringsel waren genau aufzulisten und an den Grenzübergangsstellen gab es lange Wartezeiten, denn vom 19. 12. 1963 bis zum 5. 1. 1964 weilten etwa 730.000 West-Berliner zu rund 1,2 Millionen Besuchen in Ost-Berlin.

Weitere Passierscheinabkommen für Zeiträume von jeweils zwei bis drei Wochen folgten in den Jahren 1964, 1965 und 1966.

Am 7. 3. 1966 konnte das vierte – und letzte – Passierscheinabkommen zwischen dem West-Berliner Senat und der DDR unterzeichnet werden. Es galt für die Oster- und Pfingstfeiertage 1966. Im Dezember 1966 scheiterten Verhandlungen für ein Weihnachtsbesuchs-Abkommen, weil die DDR feststellen musste, dass sie mit dem „Hebel" Passierscheinabkommen weder ihre diplomatische Anerkennung, noch die geforderte Behandlung West-Berlins als selbständige politische Einheit erreichen konnten. Danach blieb nur noch die Passierscheinstelle für dringende Familienangelegenheiten, also Härtefälle, erhalten. Von diesen Beschränkungen ausgenommen waren Geschäftsreisen, Reisen zur Leipziger Messe sowie Reisen auf Einladung amtlicher Stellen der DDR.

Die West-Berliner, die ja ohnehin nur unter hohem Aufwand zeitlich beschränkt zu ihren Verwandten nach Ost-Berlin fahren konnten, war diese Möglichkeit nun auch genommen – die Grenzen waren wieder auf Jahre dicht.

Westdeutsche Bürger dagegen, die zu Besuch in West-Berlin waren, durften ohne bürokratische Hürden nach Ost-Berlin einreisen. Man fuhr einfach zum Übergang und erledigte dort alle Formalitäten. Der Autor erinnert sich, dass der Onkel aus Kiel, zu Besuch in West-Berlin, Verwandte in Ost-Berlin besuchen wollte. Als damals 8jähriger wollte ich natürlich mit. Aber ich war West-Berliner und so ging das nicht. Meine Familie versuchte mir das vergeblich zu erklären. Ich verstand es einfach nicht – und es war ja eigentlich auch nicht zu verstehen: Wer aus dem fernen Kiel kam, durfte nach Berlin-Köpenick. Wer aus Berlin-Steglitz kam, durfte das nicht?

Aber genauso war es. West- und Ost-Berliner durften sich nicht sehen. Das war die Realität. Der Osten blieb hart – der Westen musste sich was überlegen.

Wie die Ostpolitik
zu Erleichterungen führte

Nachdem Willy Brandt 1969 zum Bundeskanzler gewählt worden war, nahm er die Formel von Egon Bahr „Wandel durch Annäherung" auf, um sie in konkrete Politik umzusetzen. Bahr wurde Staatssekretär im Bundeskanzleramt und zugleich Bevollmächtigter der Bundesregierung in Berlin. Er handelte 1970 Verträge mit der Sowjetunion und mit Polen aus. Damit war der Weg frei für das Viermächte-Akommen der vier Siegermächte von 1971. Anschließend schlossen beide deutsche Staaten 1972 den Grundlagenvertrag und den so genannten Verkehrsvertrag.

Die Außenminister der vier Mächte unterzeichnen das Schlussprotokoll des Vier-Mächte-Abkommens am 3. Juni 1972. Damit traten vereinbarungsgemäß das „Transitabkommen" und die neuen Reise- und Besuchsregelungen vom Dezember 1971 in Kraft.

Außerdem wurde am 24. 6. 1972 der Selbstwähldienst im Telefonverkehr zwischen West-Berlin und 32 Ortsnetzen der DDR wieder freigegeben.

Die DDR hatte fast alle ihre Ziele erreicht. Sie war nicht nur international anerkannt – 1972/73 nahmen 70 Staaten diplomatische Beziehungen zur DDR auf. Sie setzte auch ein Verfahren durch, was sie schon 1961 direkt nach dem Bau der Mauer durchführen wollte: Die Einrichtung von „Reisebüros" zur Ausgabe von Genehmigungen für West-Berliner zum Besuch Ost-Berlins und der DDR. Die „Reisebüros" hatten jetzt nur einen anderen Namen und hießen „Büros für Besuchs- und Reiseangelegenheiten". Solche Büros gab es in der Jebensstraße 1 am Bahnhof Zoo, im Forum Steglitz, am Waterloo-Ufer 5–7 (Kreuzberg), in der Schulstraße 118 (Wedding) und am Reformationsplatz 5 (Spandau).

Seit dem 3. Oktober 1972 war es den Bewohnern von West-Berlin zwar wieder regelmäßig möglich, nicht nur Verwandte, sondern auch Bekannte im Ostteil der Stadt und auch in der gesamten DDR zu besuchen. Auch zu touristischen Zwecken konnte man einreisen. Aber wie schon zu Zeiten der Passierscheinabkommen wieder mit bürkratischem Aufwand:

Wer in die DDR fahren wollte, musste zunächst eines der o.g. Büros aufsuchen, die dem Ministerium der Staatssicherheit der DDR unterstanden. Die Sachbearbeiter aus der DDR wurden jeden Tag in Kleinbussen über Grenzübergangsstellen nach West-Berlin zu den Büros gefahren, die sie – auch während der Pausen – nicht verlassen durften. Schließlich sollte sich ja niemand heimlich absetzen.

Antrag auf Einreise in die DDR Bitte mit Schreibmaschine oder in Blockschrift mit Tinte ausfüllen

für Personen mit ständigem Wohnsitz in Berlin (West)

		1	2
		3	4

Familienname	Geburtsname	männlich *	weiblich *

Vorname — Geburtsdatum und -ort — Familienstand

Wohnanschrift
Berlin (West)

Ausgeübte Tätigkeit

Beabsichtigte Aufenthaltsdauer in der DDR
von   bis   in (Ort, Kreis)

Grenzübergangsstelle — Nr. des Personalausweises (Reisedokumentes)

Mitreisende Kinder bis 16 Jahre (Name, Vorname, Alter) nur auf dem Antrag eines Erziehungsberechtigten eintragen

Kennzeichen des Kfz

* Zutreffendes ankreuzen

Antragsformular zur Einreise in die DDR für West-Berliner, Vorderseite

In den Büros bekam man zunächst von Mitarbeitern aus West-Berlin Beratung und Antragsformulare. Die Formulare hatten Postkartengröße, waren beidseitig bedruckt und mussten in zweifacher Ausfertigung ausgefüllt werden.

Man erhielt eine Wartenummer und musste warten, bis diese aufgerufen wurde. Durch eine Tür gelangte man in den anderen Teil des Büros, wo die Sachbearbeiter aus der DDR hinter aneinander gestellten Tischen saßen. Diese nahmen die Anträge entgegen, prüften die Vollständigkeit der Angaben und gaben einen Zettel mit einer Nummer aus. Unter Vorlage dieses Zettels musste man nach drei Tagen wieder in dieses Büro. Ein Mitarbeiter aus der DDR war nur für die Ausgabe der Reiseunterlagen zuständig, die er anhand der Nummer heraus suchte. Die Unterlagen befanden sich in Briefumschlägen mit Sichtfenster im Postkartenformat. Nach der Überprüfung, ob der Name im Ausweis und im Sichtfenster übereinstimmten, erhielt man die Unterlagen ausgehändigt.

Im Briefumschlag befand sich der „Berechtigungsschein zum Empfang eines Visums" (welches man erst an der Grenzübergangsstelle erhielt), außerdem eine Ein- und Ausreisekarte, sowie eine Zollerklärung. Das alles war erst auszufüllen, dann konnte man sich zu einem Grenzübergang begeben. Ohne die vorherige Prozedur in den Besucherbüros konnte man die Grenze nicht passieren.

MINISTERRAT DER DEUTSCHEN DEMOKRATISCHEN REPUBLIK
Ministerium des Innern

UQ 788785 364176 den 10.11.88

Berechtigungsschein zum mehrmaligen Empfang eines Visums

Herr/Frau SIMON
    CHRISTIAN
Geburtsdatum 07.05.60 sowie mitreisende Kinder
ist berechtigt, ein Visum zur einmaligen Einreise und Ausreise OHNE Kraftfahrzeug, gültig
vom/am 16.11.88 bis XXXXX 24.00 Uhr
nach HAUPTSTADT DER DDR BERLIN

vom/am ---- bis ---- 24.00 Uhr
nach

bei den Grenzübergangsstellen der DDR zu empfangen. Das Visum wird gebührenpflichtig erteilt.
Der Berechtigungsschein hat eine Gültigkeit von 6 Monaten vom Tage der Ausstellung gerechnet.

PM 68c

Mehrfachberechtigungsschein von 1988

Die Einreise war zu Fuß, mit U- und S-Bahn (s. S. 32) oder im Pkw möglich, eine Fahrradmitnahme war ausgeschlossen. West-Berliner mussten bis 2.00 Uhr des Folgetages wieder ausreisen, Bundesbürger hatten die DDR bereits bis 0.00 Uhr wieder zu verlassen. Udo Lindenberg hat diesen Umstand in seinem Lied „Mädchen aus Ost-Berlin" erwähnt, wo es an einer Stelle heißt: *Doch plötzlich ist es schon zehn nach elf und sie sagt ey du musst ja spätestens um zwölf wieder drüben sein, sonst gibt's die größten Nerverein, denn tu hast ja nur nen Tagesschein."*

Statt dieses ,Tagesscheins' konnte man auch einen „Berechtigungsschein zum mehrfachen Empfang eines Visums" beantragen, kurz ,Mehrfachberechtigungsschein' genannt.

Diese Scheine für die Erteilung des ersten Visums auf der Vorderseite hatten auf der Rückseite acht kleine Felder zur Beantragung weiterer Visa. Aber auch hier war vorher der Besuch eines der Büros notwendig. Die Einreisegenehmigung wurde dann sofort nach Eintragung des Reisedatums erteilt. Dabei war man natürlich immer von den Öffnungszeiten der Büros abhängig.

Seit dem 1. 12. 1964 verlangte die DDR bei der Einreise von Bürgern westlicher Staaten mit „harter" Währung einen Mindestumtausch in Mark der DDR im Kurs 1:1 (eine Mark der DDR = eine Mark der Deutschen Bundesbank). Inoffiziell sprach man auch vom Zwangsumtausch oder spöttisch vom

„Eintrittsgeld", denn dieser Mindestbetrag konnte bei der Ausreise nicht zurück-getauscht werden. Es war aber auch verboten, DDR-Währung auszuführen. So stand man immer unter dem Zwang, das Geld irgendwie auszugeben. Das war aber gar nicht so einfach, denn die Preise waren in der DDR sehr niedrig, z. B. kostete ein Fahrschein für die S-Bahn 20 Pfennige = etwa 0,10 EUR. War dennoch Geld übrig, konnte der Betrag bei den Grenzfilialen der Staatsbank der DDR „deponiert" werden und bei einer erneuten Einreise wieder in Empfang genommen werden.

Pro Aufenthaltstag und pro Person war eine vorgeschriebene Höhe umzu-tauschen, die sich über die Jahre veränderte.

1964: Westdeutsche 5,00 DM, West-Berliner 3,00 DM, Rentner und Kinder waren vom Mindestumtausch ausgenommen.

1973: für das Gebiet der DDR 20,00 DM, für Reisen nach Ost-Berlin 10,00 DM. Kinder und Rentner sind von dieser Regelung nicht mehr ausgenommen.

1974: für das Gebiet der DDR 13,00 DM, für Reisen nach Ost-Berlin 6,50 DM. Personen unter 16 Jahren und Rentner sind vom Mindestumtausch wieder ausgenommen.

1980: für das Gebiet der DDR einschließlich Ost-Berlins 25,00 DM. Rentner sind vom Umtausch nicht ausgenommen, für Personen unter 16 Jahren müssen 6,50 DM gewechselt werden, Kinder unter sechs Jahren sind weiterhin vom Mindestumtausch befreit.

1983: Kinder unter 16 Jahren wurden von den Regelungen ausgenommen.

1984: Umtauschsatz für Rentner auf 15,00 DM gesenkt.

24. 12. 1989: Mindestumtauschregelungen außer Kraft gesetzt.

Wie der Bus- und Straßenbahnverkehr getrennt wurde

Seit 1948 gab es in Ost und West zwei verschiedene Währungen. Das hatte bereits 1949 dazu geführt, dass sich das städtische Verkehrsunternehmen BVG (seit 1929 Berliner Verkehrs-AG) spaltete. Die BVG organisierte den Verkehr von U-Bahn-, Straßenbahn- und Buslinien. Am 14. 10. 1950 stellte die BVG-West alle Bus- und Straßenbahnverbindungen ins Umland ein. Ab dem 27. 5. 1952 sperrte die DDR für West-Berliner den Zugang ins Umland, indem sie die Kontrollen an der Stadtgrenze verschärfte. Auch der innerstädtische Linienbusverkehr wurde 1951 allmählich separiert. Am 15./16. 1. 1953 trennte sich auch der Straßenbahnverkehr in ein West- und Ost-Berliner Netz. Der Grund: Die BVG-Ost setzte Frauen als Fahrerinnen ein, was im Westen verboten war.

Provisorische Blockierung der Straßenbahngleise an der Puschkinallee

Also wurden die Straßenbahnen nach Überquerung der Sektorengrenze wieder zurückgeschickt. Man kann wohl davon ausgehen, dass die BVG-Ost die Frauen als „Hebel" missbrauchte, um einen Vorwand für die Trennung des Straßenbahnnetzes zu haben. Hätte der Westen hier nicht intelligenter reagieren können, indem man die Straßenbahn-Fahrerinnen stillschweigend akzeptiert? So wäre die Provokation des Ostens ins Leere gelaufen. Nun aber endeten die Linien fortan an der Sektorengrenze. Die Fahrgäste mussten aussteigen, über die Sektorengrenze laufen und auf der anderen Seite weiter fahren.

Zu ergänzen wäre noch: Die BVG-West stellte den Straßenbahnverkehr bis 1967 endgültig ein. Die BVG-Ost baute den Verkehr aus, nannte sich ab 1969 BVB und wurde 1992 wieder Teil einer Gesamtberliner BVG.

Bis zur völligen Trennung der Linien wechselten nur die Schaffner an der Sektorengrenze wie hier am 27. 6. 1949 an der Einmündung der Potsdamer Straße in den Potsdamer Platz. Foto: Wilhelm Rißleben

Wie das S-Bahn-Netz zerschnitten wurde

Am 11. 8. 1945 hatte die sowjetische Militäradministration den gesamten Bahnverkehr in allen vier Berliner Sektoren und der Sowjetischen Zone der Reichsbahn übertragen. Diese hatte ihren Sitz in Ost-Berlin. Nach Gründung der DDR blieb es dabei; die Reichsbahn unterstand nun dem Verkehrsministerium der DDR. Die DDR verzichtete auf eine Gründung der „Staatsbahn der DDR" o. ä., denn in ihrer eigenen Hauptstadt, also in Ost-Berlin, musste weiterhin die „Reichsbahn" fahren. Und so fuhren alle Bahnen in der DDR unter Regie der Reichsbahn, um den Bahnverkehr zwischen Ost-Berlin und der DDR problemlos abzuwickeln. Eine Rolle mag auch gespielt haben, dass man die politisch wertvollen Betriebsrechte in den Westsektoren nicht verlieren wollte.

Dadurch, dass die Reichsbahn für den Verkehr im Großraum Berlin zuständig war, fuhr die S-Bahn über alle Sektorengrenzen hinweg. Das bedeutete nicht nur einen problemlosen Verkehr zwischen West- und Ost-Berlin, sondern auch über die Außenstrecken bis in die Vororte. Noch 1951 elektrifizierte die Reichsbahn die Vorortstrecken zwischen West-Berlin und den Vororten Teltow bzw. Falkensee in der DDR.

Von Juni 1953 bis Mai 1958 führte die Deutsche Reichsbahn S-Bahnverbindungen ein, die zwar durch die Westsektoren Berlins fuhren, dort aber nicht hielten. Vom Bahnhof Friedrichstraße kam man so ohne Halt zum Bahnhof Griebnitzsee in Potsdam oder zum Bahnhof Albrechtshof in Falkensee. Zusätzlich fuhren sogenannte „Durchläufer" vom Nordbahnhof nach Hohen Neuendorf (Oranienburg) und nach Hennigsdorf (Velten). Neben der politischen Motivation schufen diese Züge natürlich auch eine schnelle Verbindung zwischen den Vororten westlich bzw. nördlich Berlins und der „Hauptstadt". Ab Mai 1958 wurden die Strecken eingestellt, denn nun konnte man die Westsektoren mit dem sogenannten „Sputnik" auf dem fertiggestellten Berliner Außenring (BAR) umfahren. Der Name „Sputnik" (russ. Gefährte, Begleiter) bezog sich auf den sowjetischen Weltraumsatelliten, der seit 1957 die Erde umrundete. Ebenso umrundeten diese Züge West-Berlin.

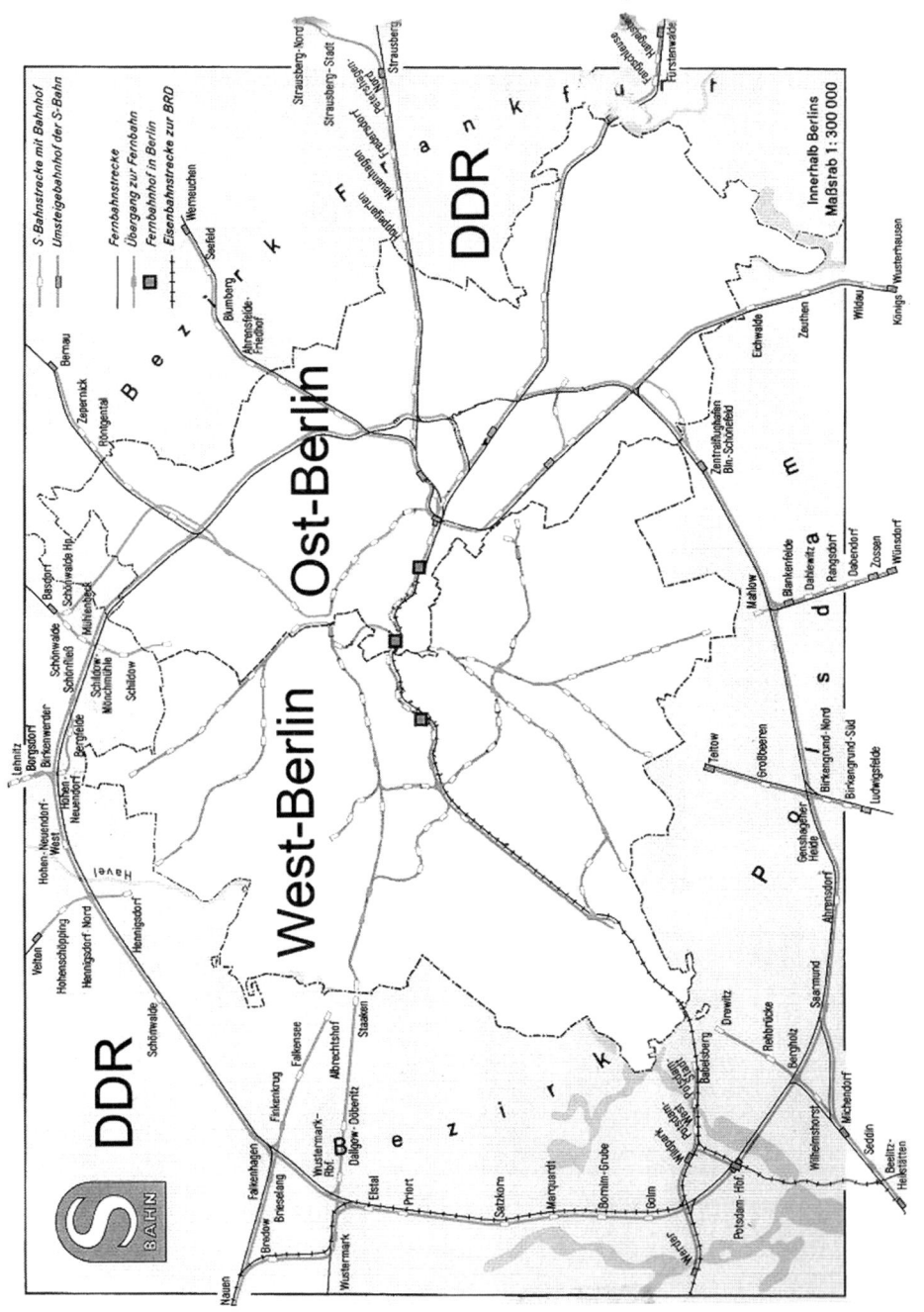

Das getrennte S-Bahnnetz nach dem Mauerbau

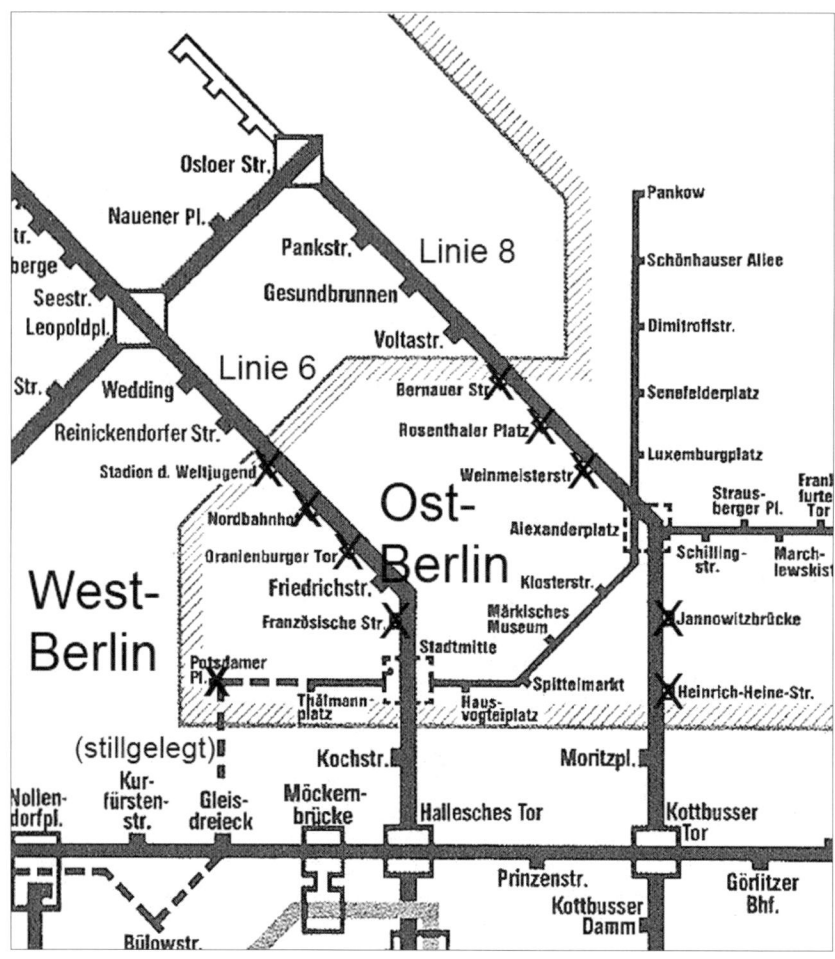

Die beiden Berliner U-Bahnnetze um 1980 mit den gesperrten Bahnhöfen.

Mit dem Bau der Mauer wurden auf einen Schlag 48,2 Kilometer elektrisch betriebene Berliner S-Bahnstrecken stillgelegt:

Schönhauser Allee – Gesundbrunnen 1,8 km
Treptower Park – Sonnenallee 2,4 km
Köllnische Heide – Baumschulenweg 1,7 km
Bornholmer Straße – Pankow 1,6 km
Frohnau – Hohen Neuendorf 4,2 km
Heiligensee – Hennigsdorf 2,6 km
Spandau West – Falkensee 7,6 km

Wannsee – Potsdam 9,0 km
Wannsee – Stahnsdorf 4,1 km
Lichterfelde Süd – Teltow 2,6 km
Lichtenrade – Rangsdorf 10,6 km

Neben diesen unterbrochenen Linien fuhren im 1939 fertiggestellten Nord-Süd-Tunnel grenzüberschreitend nur noch Züge aus dem Westen ohne Halt durch bzw. unter Ost-Berlin. Grund: Der Ost-Berliner Bezirk ‚Mitte' ragte rund 2,5–3 km nach West-Berlin hinein. Für den Bezirk Mitte bedeutete das, dass er seit 1961 von drei Seiten (Norden, Westen, Süden) von der Mauer umgeben war und nur Richtung Osten Anschluss zum übrigen Stadtgebiet hatte. Die unterirdischen Bahnhöfe wurden geschlossen und im Volksmund „Geisterbahnhöfe" genannt, weil sie – nur schummrig beleuchtet – in einen Dornröschenschlaf verfielen und dennoch streng bewacht waren. Genauso verhielt es sich mit den zwei Nord-Süd-Linien der West-Berliner U-Bahn (U 6, U 8). Auf dem letzten U-Bahnhof im Westen erfolgte dann die Ansage: *„Achtung, letzter Bahnhof in Berlin-West".*

Einige Zugänge zu den stillgelegten unterirdischen S- und U-Bahnhöfen der West-Linien waren im Stadtbild von Ost-Berlin an den Treppen und Brüstungen der Treppenanlagen zu erkennen. Die Eingänge waren allerdings überall vermauert; nur kleine verschließbare Türen ermöglichte den Grenztruppen den Zutritt, um die Bahnhöfe zu überwachen. Raffinierte Lichtschranken und ausgeklügelte Kontaktplatten in den Gleisen sollten jede Flucht durch die Tunnel unmöglich machen. Und damit sich keine Republikflüchtigen unterhalb der Bahnsteigkanten versteckten konnten, wurden diese mit Stacheldrahtrollen ausgelegt. In den beiden U-Bahnhöfen, wo sich Ost- und West-Linien kreuzten (Stadtmitte, Alexanderplatz), wurden die Bahnsteige und deren Zugänge durch Mauern voneinander getrennt.

Natürlich ließ sich die DDR die Durchfahrmöglichkeiten der West-U-Bahn unter Ost-Berlin in harten Devisen bezahlen. Verlangte die DDR in den 1960er Jahren noch rd. 180.000 DM monatlich, waren es 1989 schon fast eine halbe Million.

Wenn gesagt wurde, dass die West-Züge ohne Halt unter Ost-Berlin her fuhren, stimmt dies – aber mit einer Ausnahme: Der Bahnhof Friedrichstraße. Er hatte eine groteske, faszinierende Sonderstellung.

Wie der Bahnhof Friedrichstraße zum „faszinierendsten Bahnhof unseres Planeten" wurde

Mit dem Mauerbau wurde der Bahnhof Friedrichstraße zum Grenzbahnhof. Der damalige Berlin-Korrespondent mehrerer Zeitungen Hans-Ulrich Kersten (1912–1994) schilderte die Situation am 13. August 1961 in Ost-Berlin. Zum Bahnhof Friedrichstraße schrieb er:

Hier, wo die Schienenstränge der Fernbahn, der S-Bahn und der U-Bahn aus allen vier Richtungen der Stadt zusammenlaufen, spürt man die ganze Bedeutung des Tages.

So muß es zu allen Zeiten auf allen Bahnhöfen der Welt bei Bekanntwerden einer Kriegserklärung ausgesehen haben. Menschen, die sich bis zu dieser Stunde nie gesehen haben, stehen zusammen, reden auf einen Uniformierten ein, warten vor irgendeinem Amtszimmer, lesen Zeitungen, irren umher von dem einen Ausgang zu den Bahnsteigen, zu dem anderen, planlos, ratlos, aufgescheucht wie von einer Luftschutzsirene.

Alle Hinweise zu den Bahnsteigen gelten nicht mehr. Wo „Eingang" steht, ist geschlossen. Wo „Ausgang" steht, ist der Zugang. Keiner findet sich mehr zurecht. An jeder Sperre, gleichgültig ob offen oder geschlossen, stehen Polizisten. Sechs, sieben oder mehr an der Zahl.

Es ist, als wollte jeder noch den letzten Zug erreichen. Aber es fährt kein Zug mehr. Jedenfalls nicht mehr in Richtung Westen. Nur Inhaber eines Westberliner Personalausweises dürfen jenen S-Bahn-Zug betreten, der vom Bahnhof Friedrichstraße als Einsetzer in Richtung Westen fährt.

Chaos auf dem Bahnsteig

Das Chaos auf dem anderen Bahnsteig, von dem aus, ebenfalls als Einsetzer, die Züge in Richtung Osten fahren, ist nicht mehr zu entwirren. Menschentrauben drängen in die Züge. Nur zurück, nur fort. Die menschlichen Tragödien, die sich vom frühen Sonntagmorgen an auf diesem Bahnhof abgespielt haben, sind fast nicht auszudenken; wie viele Flüchtlinge mögen in der Nacht aus ihren Heimatorten aufgebrochen sein, um dann in Ostberlin, zumeist hier auf diesem Bahnhof, von der Entwicklung überrascht worden zu sein.

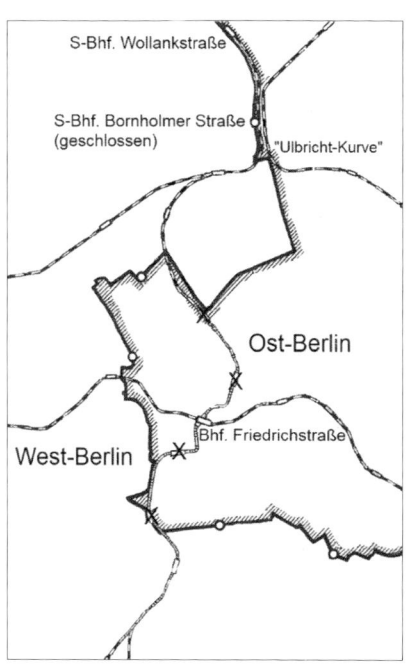

Das S-Bahnnetz im geteilten Zentrum Berlins.

Es gibt einige Bahnhöfe auf der Welt mit einer komplizierten Lage. So liegt z. B. der Badische Bahnhof von Basel zwar auf Schweizer Staatsgebiet, gilt jedoch teilweise als deutsches Zollgebiet.

In Berlin war die Situation weitaus schwieriger. Der Bahnhof Friedrichstraße entstand 1882 als Station der west-östlich verlaufenden Stadtbahn. 1923 kamen ein U-Bahnanschluss und 1936 ein unterirdischer S-Bahnanschluss hinzu, beides Nord-Süd-Linien.

Mit dem Tag des Mauerbaus teilte man den Bahnhof in mehrere Bereiche, die später durch zugemauerte Gänge in einen Ost- und einen Westteil getrennt wurden.

Der Bahnhof hat oben drei Bahnsteige bzw. sechs Gleise. Für S-Bahn-Fahrgäste in Ost-Berlin standen nur zwei Gleise am nördlichen Bahnsteig (Spreeseite) zur Verfügung. Die Züge endeten hier und mussten wieder Richtung Osten zurückfahren. Überfahrtgleise Richtung Westen waren durch Metalltore verschlossen.

West-Berliner konnten nach dem Mauerbau zum Bahnhof Friedrichstraße nur noch mit der Bahn gelangen. Er bildete – im Stadtzentrum von Ost-Berlin – in Teilen eine Insel für West-Berliner.

Die S-Bahnstrecke aus Richtung Westen erreichte zunächst den S-Bhf. Lehrter Stadtbahnhof, wenige Meter vor der Sektorengrenze. Er stand auf dem nördlichen Vorplatz des jetzigen Hauptbahnhofes. Von hier aus fuhr die West-S-Bahn auf einer Stichlinie über den Humboldthafen nach Ost-Berlin ein, überquerte die Grenzanlagen und erreichte nach kurzer Fahrt den Bahnhof Friedrichstraße. Dieser Streckenabschnitt auf Viadukten war durch Gitter und Sichtblenden zu Ost-Berlin hin abgesperrt und wurde auch von Hochständen aus überwacht.

Zwischen die Bahnsteige des Bahnhofes Friedrichstraße hängte man riesige Metallplatten ein, um Sichtkontakte zwischen Ost- und West-Berlinern zu verhindern. Nicht einmal ein schmaler Spalt blieb frei. Nur das „Fetzen" von Lautsprecherdurchsagen auch auf dem jeweils anderen Bahnhofsteil hörbar waren, konnte das DDR-Regime nicht verhindern.

Am mittleren Bahnsteig hielt die S-Bahn aus dem Westen und fuhr dann wieder zurück. Das andere Gleis zur Metallwand hin war stillgelegt und später durch eine ca. 3 m hohe Wellblechwand, die auf dem Bahnsteig stand, abgesperrt. Auf der Balustrade über der Bahnhofseinfahrt standen bewaffnete Soldaten. Der südliche Bahnsteig war dem Fernbahnverkehr nach Westdeutschland vorbehalten. Hier verliefen auch internationale Strecken, wie z. B. Warschau–Paris Nord. Auch dieser Bahnsteig war nur für die wenigen DDR-Bürger zu betreten, die eine Genehmigung für Westreisen und die Grenzkontrollen passiert hatten. Fernzüge, die von hier aus Richtung West-Berlin fuhren, wurden im Bahnhof scharf kontrolliert. Es sollte so verhindert werden, dass sich Fluchtwillige auf den Betriebsbahnhöfen in Ost-Berlin im Zug versteckten und über den Bahnhof Friedrichstraße nach West-Berlin gelangen konnten. Eine breite weiße Linie auf dem Fernbahnsteig, parallel zu den Gleisen gezogen, durfte erst nach Aufforderung durch den Lautsprecher übertreten werden, um den Zug zu besteigen. Solange die Kontrolle andauerte, war die Linie zu respektieren. Wer das übersah, wurde von Uniformierten angeherrscht: „Gähn se ma hinda die weiße Linie" und unter Hinweis auf ein entsprechendes Schild „Se gönn wohl nich läsen?".

Dann ging ein Trupp Soldaten durch den Zug, öffnete jedes Abteil, schaute unter die Sitze und schraubte Verschalung von Hohlräumen ab und wieder an. Unter dem Zug ging jeweils ein dafür abgerichteter Hund entlang, um mögliche Flüchtlinge zu entdecken, die sich unten irgendwo versteckt halten konnten.

Die Fenster der Bahnhofshalle bestanden aus undurchsichtigem Milchglas, um auch hier jeglichen Sichtkontakt zu unterbinden.

Wer die Treppen hinunter ging, kam ins Mittelgeschoss. Von hier aus gelangte man durch eine schmale Tür entweder in den Abfertigungsbereich der Grenzübergangsstelle oder über eine weitere Treppe auf den unteren S-Bahnsteig zum S-Bahnverkehr ins nördliche oder südliche West-Berlin. Hier patrouillierten DDR-Grenzer in Dreiergruppen. Diese hätten keine Fluchtmöglichkeit gehabt: Wäre einer von ihnen in eine abfahrende S-Bahn entwischt, hätte man sofort den Fahrstrom abgestellt oder den Zug auf dem nächsten stillgelegten Bahnhof zum Halten gezwungen. Am nördlichen Ende dieses Bahnsteiges erreichte man über Treppen und einen Tunnel den Bahnhof der U-Bahnlinie 6. Beide Bahnsteige waren für DDR-Bürger ebenfalls nicht zugänglich, obwohl West-Berliner Gebiet rund 800–1500 m Luftlinie (je nach Richtung) entfernt war. Ost- und West-Berliner konnten den Bahnhof beide nutzen. Aber für Ost-Berliner war er nur ein Endbahnhof. West-Berliner konnten zwischen ober- und unterirdischen Linien ohne Grenzkontrolle umsteigen, aber ein Verlassen des Bahnhofes war mit entsprechenden Papieren nur über einen abgesperrten Bereich der Grenzkontrolle möglich, also eine Einreise in die DDR mit Zahlung von Zwangsumtausch.

Die Halle des Bahnhofes Friedrichstraße am 4. 6. 1965 von den Fernbahngleisen aus gesehen. Rechts im Hintergrund die Metallwand zum Bahnsteig der Ost-S-Bahn. Davor der Bahnsteig für die West-S-Bahn. In der Bildmitte das Schild mit der Aufschrift „Weiße Kontrollinie nicht vor Aufforderung überschreiten!" Foto: U. Kubisch

Auf den Bahnsteigen für West-Berliner waren sogenannte Intershop-Läden, wo man zollfrei Alkohol und Zigarettenstangen kaufen konnte. Die DDR nahm so dringend benötigte Devisen ein. Die Produkte waren durch die Zollfreiheit wesentlich billiger als in West-Berlin. Da der Zoll im Westen dies aber als Steuerhinterziehung wertete, standen mitunter Zivilfahnder des Zolls an den Ausgängen der Bahnhöfe im Westen, um verdächtige Taschen stichprobenartig zu kontrollieren. Deshalb füllten findige Leute den Schnaps in leere westliche Bierflaschen um, denn es war ja schließlich nicht verboten „West-Bier" in der Tasche zu haben.

Grotesk auch dies: Obwohl West-Berlin hermetisch abgeriegelt war, mit Mauern, Stacheldraht, Wachtürmen, Signalanlagen und Scheinwerfern, war West-Berlin die offenste Stadt der Welt. Wer von der DDR aus nach der Grenzkontrolle im Bahnhof Friedrichstraße einen Zug Richtung Westen bestieg und irgendwo ausstieg, war in West-Berlin, ohne das eine Behörde davon Kenntnis hatte. So gelangten zahllose Spitzel der Staatssicherheit unentdeckt nach West-Berlin, die heimlich, still und leise beliebig oft ein- und ausreisen konnten. Am Verbin-

Grenzabfertigungsbereich südlich des Bahnhofes am 25.12.1974. Im Vordergrund warten DDR-Bürger auf ihre Angehörigen aus dem Westen.

dungsgang zwischen U- und S-Bahn gab es einen „Dienstübergang", wo Reichsbahnmitarbeiter, aber eben auch Agenten ohne Kontrollen durchgeschleust wurden. Über diese Schleuse gelangten 1976 auch steckbrieflich gesuchte Terroristen der RAF in die DDR.

Nördlich des Bahnhofs entstand nach dem Mauerbau eine Ausreisehalle. Im Volksmund nannte man sie „Tränenpalast", weil sich die Verwandten und Freunde hier trennen mussten. Eine Kontrolle der Papiere gleich am Eingang stellte sicher, dass keine Unbefugten den Kontrollbereich betraten.

Der rumänisch-deutsche Autor Gerhard Ortinau (geb. 18. 3. 1953) nahm schon 1981 die Deutsche Einheit vorweg, die sich am Bahnhof Friedrichstraße ‚ereignete':

Ost und West gibt es nicht mehr

Er (der Autor/Anm.) *steht im Bahnhof Friedrichstraße, dem faszinierndsten Bahnhof unseres Planeten. Er besteht aus zwei einander völlig entgegengesetzten Teilen und bricht dennoch nicht auseinander. Plötzlich ist etwas wie Spährenmusik zu*

hören. Mit einem Ruck dreht sich der Bahnhof ein halbes Mal um seine eigene Achse. Und steht wieder still. Die Züge fahren in die falsche Richtung, die Leute schlagen den verkehrten Weg ein. Alles ist vorerst ratlos. Bestürzung in den Gesichtern. Ost und West gibt es nicht mehr.
(Gerhard Ortinau: Berlin-Bahnhof Friedrichstraße. In: Berliner Hefte, Heft 16, 1981, S. 106)

Groteskerweise war zu Zeiten des Mauerbaus ein Mann für die S-Bahn zuständig, der in Ost-Berlin arbeitete, aber in West-Berlin wohnte. Es handelte sich um Friedrich Kittlaus, der von 1949 bis 1973 Direktor der S-Bahn und Vizepräsident der Reichsbahndirektion (Rbd) Berlin war. Da sein Sachverstand als unverzichtbar galt, blieb er auch nach dem Mauerbau im Amt. Er hatte sogar einen Dienstwagen mit Chauffeur und unterlag keiner Kontrolle an der Grenze. Als Kittlaus eines Tages auf der Fahrt zu seiner Wohnung in West-Berlin war, verlangten die DDR-Grenzorgane, dass der Fahrer aussteigen sollte. Kittlaus wies den Fahrer an, sitzen zu bleiben und weiterzufahren, obwohl der Grenzer zu schießen drohte. Der Chauffeur wurde bei der Rückfahrt nach Ost-Berlin verhaftet. Kittlaus drohte, er würde so lange nicht zum Dienst erscheinen, bis sein Fahrer frei gelassen würde und der ihn weiter fahren durfte. Der Fahrer kam frei und sein Dienstwagen erhielt nun eine Kennzeichnung, womit er ungehindert durch die Grenze fahren konnte.

Kittlaus arbeitete bis zum 72. Lebensjahr und starb am 9. 9. 1991 im Alter von 90 Jahren.

Der „Tränenpalast" am 1. 4. 2011, dahinter der Bahnhof Friedrichstraße.

Wie West-Berlin die S-Bahn boykottierte

Vier Tage nach dem Mauerbau rief der DGB zum Boykott der „sowjet-zonalen" S-Bahn in den Westsektoren auf. Hinzu kam, dass der DGB als Gewerkschaft von der Reichsbahn nicht akzeptiert wurde. Zudem verdarb sie durch niedrige Fahrgasttarife ständig die Lohnverhandlungen mit der BVG. Da kam der Mauerbau als Vorwand gerade recht jetzt zurück zu schlagen.

Boykott-Aufrufer standen mit Plakaten vor den Zugängen der S-Bahn: „Der S-Bahn Fahrer zahlt den Stacheldraht", „Keinen Pfennig mehr für Ulbricht" oder „Trapos raus aus dem freien Berlin" war da zu lesen. Der damalige Präsident der Reichsbahndirektion Berlin Otto Arndt (1920–1992) aus Ost-Berlin rief die West-Berliner Bevölkerung schon einen Tag später in einem offenen Brief dazu auf, sich an dem Boykott nicht zu beteiligen. Die S-Bahn sei sauber, sicher, schnell und bequem. Da hatte Arndt durchaus recht – doch umsonst. Die ohnmächtige Wut der West-Berliner wurde nun an der S-Bahn ausgelassen. Innerhalb einer Woche sank die Zahl der täglich beförderten S-Bahn-Fahrgäste in West-Berlin von fast einer halben Million auf knappe 100 000. Die in West-Berlin arbeitenden Eisenbahner, die selbst schockiert über die Teilung der Stadt waren, wurden von der erbosten Bevölkerung beschimpft und angegriffen.

Die West-BVG orderte 178 Busse aus dem Bundesgebiet, um einen Parallelverkehr einzurichten. Alle Hinweise auf die S-Bahn wurden entfernt. In den Anzeigetafeln und Ansagen der Linienbusse gab es keinen Hinweis auf S-Bahn-höfe, keine S-Bahn Linie wurde in die Streckenübersichtskarte der U-Bahn eingezeichnet. Die Bushaltestellen richtete man planmäßig abseits der S-Bahnhöfe ein. Eine Tarifgemeinschaft zwischen S-Bahn und BVG-West gab es schon seit einiger Zeit nicht mehr. Wer also einen Fahrschein der S-Bahn hatte, konnte in West-Berlin damit nicht in Bus oder U-Bahn umsteigen. Schließlich forciert der West-Berliner Senat mit Milliardenaufwand den Ausbau des U-Bahnnetzes, während das intakte 173 Kilometer lange Netz des S-Bahn im Westteil der Stadt langsam vor sich hin rottete.

So rumpelten die S-Bahn-Züge nahezu leer durch die Westsektoren. Jahre später füllten sich die Züge wieder etwas, im Berufsverkehr oder zu Großveranstaltungen wie Fußballspielen im Olympiastadion. Sonst versickerte die S-Bahn langsam im Bewusstsein der West-Berliner und beförderte schließlich nur noch fünf Prozent der Fahrgäste. Wer sich zur Nutzung der „ostzonalen" S-Bahn bekannte, geriet in Gefahr als Sympatisant des Ulbricht-Regimes bezeichnet zu werden („Geh doch nach drüben!").

Die jährlichen Einnahmen aus dem S-Bahnbetrieb in West-Berlin sanken von jährlich 36 Millionen auf sieben Millionen Mark. Das reichte nicht einmal aus, um die Betriebskosten zu decken. Das DDR-Verkehrsministerium errechnete 1981 ein jährliches Defizit von 35 Mio. DM bzw. 55 Mio. Mark der DDR.

Die Bahnhöfe konnten nicht mehr renoviert werden und setzten über die Jahre die Patina eines morbiden Charmes an. Der Verkehr wurde auf einen 20-Minuten-Takt ausgedünnt. Ab 1980 strich die Reichsbahn den S-Bahn Betrieb drastisch zusammen: etliche Strecken wurden stillgelegt, ein 40-Minuten-Takt

Plakate am Bahnhof Zoologischer Garten am 18. 8. 1961, mit denen zum Boykott der S-Bahn aufgefordert wurde. Foto: Horst Siegmann

eingeführt und ab 21 Uhr sollte nur noch eine Linie fahren.

Erst 1984 wurde die Betriebsführung an die BVG-West übertragen und die Fahrgastzahlen stiegen wieder an, nachdem Bahnhöfe und Strecken jahrelang aufwändig saniert wurden. Offiziell jedoch ist der Boykott nie beendet worden.

Wie die S-Bahn im Grenzgebiet unterwegs war

Im Netz der West-Berliner S-Bahn gab es ein weiteres Kuriosum. Die vom Bahnhof Friedrichstraße nach Norden führende Strecke passierte zunächst die geschlossenen unterirdischen Stationen „Oranienburger Straße" und „Nordbahnhof". Dann tauchte sie aus dem Untergrund auf und überquerte an der Liesenstraße die Mauer. Es folgten im Wedding (Westen) die Bahnhöfe „Humboldthain" und „Gesundbrunnen". Wenige Meter dahinter – an der gesperrten Behmstraßenbrücke – war die Mauer wieder da: Das hier sehr breite Bahngelände befand sich vollständig auf Ost-Berliner Gebiet, die Grenzlinie verlief direkt westlich vom Gleiskörper. Da es nicht im Interesse der DDR war die West-S-Bahn zu unterbrechen, fuhr sie weiter Richtung S-Bahnhof „Bornholmer Straße". Diese 1935 eröffnete große Umsteigestation hatte man nach dem Mauerbau geschlossen, da sie vollständig im Grenzgebiet lag und fatalerweise auch noch die S-Bahn aus dem Ostnetz hier aus betriebstechnischen Gründen durch musste. Die gesamten Gleisanlagen wurden mit Zäunen und Mauern durchzogen, die West-S-Bahn an den äußersten westlichen Rand gequetscht, die Ost-S-Bahn an den östlichen, dazwischen die Sperranlagen.

Die Strecke der Ost-Berliner S-Bahn wurde hier seit 1952 über ein Gütergleis geführt, weshalb die S-Bahnzüge dann nicht mehr halten konnten, da Gütergleise ja nicht am S-Bahnsteig vorbei führen. Erst nach dem Mauerbau, im Dezember 1961, konnte ein eigenes S-Bahngleis eröffnet werden, unter Umfahrung des eh geschlossenen Bahnsteigs. Die Kurve wurde im Volksmund „Ulbricht-Kurve" genannt. Es war die einzige Stelle, wo die Ost-Berliner S-Bahn die Grenzanlagen streifte. Der Autor erinnert sich, wie er bei einem Besuch in Ost-Berlin etwa Mitte der 1980er Jahre auf dieser Strecke unterwegs war. Im Waggon waren auch ein paar junge Ost-Berliner Schüler, die sich angeregt unterhielten. Plötzlich brüllte einer: *Ey, kiek mal, die Mauer!* Die Gruppe stürzte an die Fenster und schaute sprachlos hinaus …

Die West-Strecke verlief weiter direkt an der Grenzlinie durch Ost-Berliner Gebiet. Der nächste Bahnhof war die 1877 eröffnete Station „Wollankstraße", die aber erst 1937 ihren heutigen Namen erhielt. Er lag auch vollständig auf Ost-Gebiet, die Straße davor war im Westen.

Die Mietshäuser östlich der Strecke lagen im Grenzgebiet. Die Bewohner brauchten Passierscheine, um in ihre Wohnungen zu gelangen. Hinweisschilder vor den Häusern verboten Passanten den Bürgersteig davor zu betreten; der zählte schon zum Grenzgebiet. Ein „unberechtigtes Eindringen" ins Grenzgebiet konnte einem als „versuchte Republikflucht" ausgelegt werden und das war strafbar. Also hielt man sich da lieber fern.

Im Hofbereich zwischen den Häusern und dem S-Bahndamm verliefen die Grenzanlagen: Mauern, Zäune, Wachtürme, bewaffnete Soldaten, Scheinwerfer. Wer sein Haus durch den Hinterausgang verließ, stand direkt vor den Sperranlagen. Es war nur noch Platz für ein paar Mülltonnen. Die passten nirgendwo anders hin, sonst wäre der Hinterausgang sicherheitshalber wohl auch zugemauert worden.

Die Straße unter dem Bahndamm wurde ebenfalls mit einer Mauer verschlossen. Der Bahnhof lag zwar im Ost-Berliner Bezirk Pankow, konnte jetzt aber nur noch von West-Berlin aus betreten werden; das Gelände vor dem Bahndamm gehörte zum West-Berliner Bezirk Wedding.

Da die West-Berliner Feuerwehr und West-Polizei den Ost-Bahnsteig auch in Notfällen nicht betreten durften, musste das Bahnpersonal hier immer zu zweit sein. Wie sonst hätte man einen erkrankten Fahrgast auf einer Krankentrage allein die Treppe herunter zum Ausgang in den Westen tragen sollen? Zu zweit konnte man sich auch gegenüber tätlich werdenden Fahrgästen besser durchsetzen und – man konnte gut aufeinander aufpassen!

Der Weg zum und vom Dienstort erfolgte immer mit der S-Bahn zum Bahnhof Friedrichstraße, um nicht West-Berliner Gebiet betreten zu müssen.

Im Januar 1962 war – zunächst unbemerkt – ein Fluchttunnel unter dem Bahnhof hindurch gegraben worden, um Fluchtwillige aus der DDR zu holen. Aber der Stollen brach kurz vorher ein. Dazu schrieb Gerhard Keiderling (* 1937), Professor am Zentralinstitut für Geschichte der Akademie der Wissenschaften der DDR, in seinem Buch „Berlin 1945–1986, Geschichte der Hauptstadt der DDR" (1987) auf S. 590: *Am 27. Januar 1962 wurde der Tunnel … dadurch entdeckt, daß sich die Mitte des S-Bahnsteiges plötzlich senkte, der darunter liegende Teil des Tunnels war eingebrochen. Welch furchtbares Unglück hätte geschehen können, wenn die Einbruchsstelle wenige Meter weiter unter dem stark befahrenen Gleiskörper der S- oder Fernbahn gelegen hätte!*"

Da hatte der Herr Professor wohl recht. Aber warum DDR-Bürger versuchten durch Tunnel ihrem Land zu entkommen, dazu äußerte sich der Zeithistoriker leider nicht.

Wie der Verkehr zwischen West-Berlin und der Bundesrepublik geregelt wurde

Der Flugverkehr

Der Flugverkehr zwischen West-Berlin und dem Bundesgebiet wurde über drei sogenannte Luftkorridore abgewickelt. In West-Berlin standen die Flughäfen Tempelhof und ab 1975 auch der Flughafen Tegel zur Verfügung. Es waren zugleich US-amerikanische bzw. französische Militärflughäfen. Der britische Militärflughafen Gatow hatte keinen zivilen Flugverkehr.

Die drei Luftkorridore mit einer Breite von 20 Meilen wurden zwischen den vier Siegermächten des Zweiten Weltkriegs am 30. 11. 1945 vereinbart. Der nordwestliche Korridor ging in Richtung Hamburg, Bremen und Nordeuropa. Über den mittleren Korridor Richtung Westen konnte man Hannover, Köln/Bonn und Westeuropa erreichen. Durch den südwestlichen Korridor flog man Richtung Frankfurt (Main), Nürnberg, Stuttgart, München und Südeuropa.

Um den Flugverkehr im Raum Berlin zu koordinieren, arbeitete seit Februar 1946 die sogenannte „Luftsicherheitszentrale" (Berlin Air Safety Center) im Kontrollratsgebäude am Kleistpark in Berlin-Schöneberg. Sie war mit Vertretern aller vier Alliierten besetzt und kontrollierte den Luftraum über Berlin in einem Radius von 32 km und bis zu einer Höhe von 3.000 m (maximale Flughöhe). Auch der DDR-Flughafen Schönefeld am Rande Ost-Berlins unterlag der Kontrolle dieser Zentrale.

Die Westmächte bestanden darauf, dass der zivile Luftverkehr nur durch ihre eigenen Fluggesellschaften durchgeführt wurde (Pan Am, British Airways, Air France). Fluggesellschaften anderer Länder waren Flüge nach West-Berlin verboten. Das galt auch für deutsche Fluggesellschaften.

Die Bundesregierung subventionierte die Berlin-Flüge, um den einzigen unkontrollierten Zugang zur Teil-Stadt etwas preiswerter zu machen. Das führte zu grotesken Zuständen: So war der direkte Flug Hamburg–München teurer, als zwei Flüge, nämlich Hamburg–Berlin und Berlin–München.

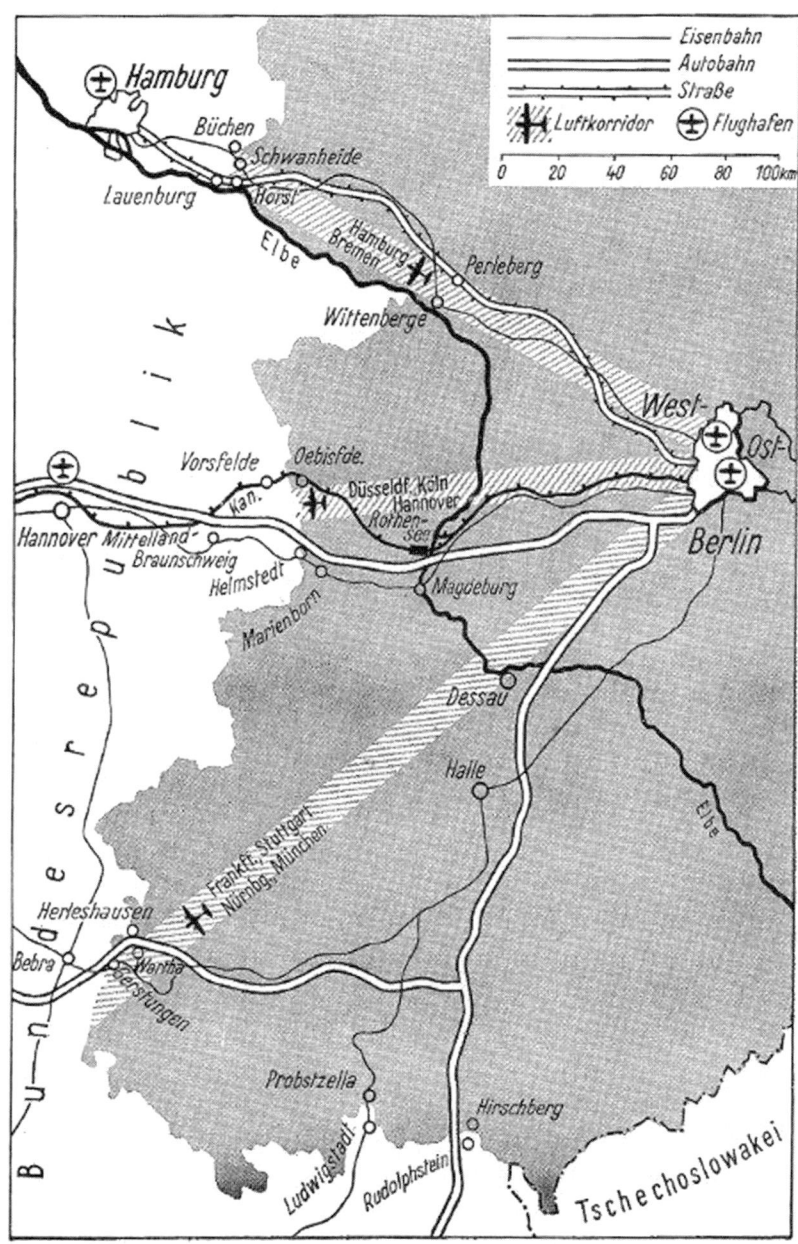

Die Verkehrswege zwischen West-Berlin und dem Bundesgebiet
(Mit freundlicher Genehmigung der Kulturbuch-Verlag GmbH)

Der Bahnverkehr

Der Bahnverkehr in der DDR und West-Berlin wurde von der Reichsbahn betrieben (s. S.28). Neben wenigen internationalen Verbindungen gab es so genannte „Interzonenzüge" Richtung Hamburg, Richtung Hannover über Magdeburg und Strecken Richtung Süden (Bebra, Ludwigsstadt, Hof). Fuhr ein Interzonenzug aus dem Westen in die DDR ein, musste er auf dem ersten Bahnhof in der DDR halten. Dieser war durch Mauern und Zäune abgeschirmt und scharf bewacht. Aussteigen durfte man hier nicht. Hier stiegen nur Grenztruppen der DDR zu. Während der Fahrt – ohne weiteren Halt – gingen sie durch die Abteile, kontrollierten die Ausweise und stellten auf einem Bauchladen ein Transitvisum aus bzw. stempelten ein Sichtvermerk in den Pass. Am letzten Bahnhof in der DDR – ebenfalls abgesperrt – musste der Zug halten. Hier stiegen die Grenzer wieder aus, bevor der Zug die Grenze passierte.

Eigentlich eine völlig unnötige Aktion, denn der militärisch bewachte Zug wäre die Strecke auch gefahren, ohne das alle Fahrgäste mit einem Transitvisum ausgestattet worden wären. Es war nur eine politische Machtdemonstration, dass hier das Hoheitsgebiet der Deutschen Demokratischen Republik war. Und wer da durch will, braucht von ‚uns' ein Visum. Und so wurden über all die Jahrzehnte – wie an der Transitautobahn – fleißig Abermillionen von Transitvisa ausgestellt, die nach der Grenze gleich wieder im Abfall landeten.

Unangenehm war es bei Nachtfahrten im Liegewagen, wenn nachts um drei Uhr die Abteiltür aufgerissen und die grelle Lampe eingeschaltet wurde: „Guten Morgen, Passkontrolle!" Dann blinzelten alle in das helle Licht und kramten schlaftrunken nach den Ausweisen.

Der Autor erinnert sich eine Bahnfahrt bei Tage in den 1960er Jahren mit meinem Großvater von West-Berlin nach Detmold, wo meine Großeltern wohnten. Nach der Fahrt durch die DDR hielten wir auf dem ersten Bahnhof in Westdeutschland, in Helmstedt. Dort wuselten Rot-Kreuz-Schwestern geschäftig über den Bahnsteig. Sie reichten Plastikbecher mit Tee durch die Fenster an die „armen Menschen", die soeben durch die kommunistische „Ostzone" gefahren waren …

Grotesk auch dies: Über die Bahnstrecke Marienborn (DDR) – Helmstedt schob die DDR mitunter missliebige Bürger ab. Diese hatten – oft unter erheblichem Druck – ihrer Ausweisung schriftlich zugestimmt. Dann brachte man sie nach Marienborn. Dort schob man sie in den haltenden Transitzug. Um ganz sicher zu gehen, dass sie nicht vor der Grenze doch wieder aussteigen, kettete man sie mit Handschellen an Haltegriffen fest! Die Schlüssel händigte man dem Schaffner aus, dem bedeutet wurde, die Handschellen erst nach der Grenze wieder zu öffnen. So geschah es noch bis mindestens 1988.

Der Straßenverkehr

Mit der Besetzung der Westsektoren Berlins durch die Westalliierten erkannte die Sowjetunion ein Zugangsrecht durch die SBZ und spätere DDR an. 1949 wurde das Helmstedter Abkommen über einen interzonalen Omnibusverkehr unterzeichnet.

Allmählich bildete sich ein regelrechter Transitverkehr aus, ohne das es dafür einen Vertrag gab. Die Rechte für diesen Transitverkehr leitete der Westen aus dem Gewohnheitsrecht her, da die Sowjetunion dem Verkehr nie widersprochen hatte. Später beschränkte die DDR den Verkehr zwischen West-Berlin und dem Bundesgebiet auf sogenannte Transitstrecken. Von zwei Kontrollstellen war der wichtigste Übergang Dreilinden/Drewitz. Von hier aus konnte man drei Richtungen nutzen. Über die heutige A 2 ging es via Grenzkontrollstelle Helmstedt/Marienborn Richtung Niedersachsen und via Rudolphstein/Hirschberg über die A 9 Richtung Bayern. Richtung Hessen gelangte man über die A 9 und ab Hermsdorfer Kreuz via Herleshausen/Wartha. Richtung Norddeutschland musste man über den kleinen Grenzübergang Staaken (Berlin-Spandau) auf der Fernstraße 5 bis zum Grenzübergang Lauenburg tuckern. Die Autobahn Berlin-Hamburg war zwar schon im Dritten Reich begonnen, aber bedingt durch Krieg und Teilung nicht weiter gebaut worden. Dass der Transitverkehr Richtung Hamburg durch Städte und Dörfer der DDR rollte, war der SED ein Dorn im Auge. Der Westen wünschte sich eine schnellere Verbindung. So konnte 1982 die neue A 24 eröffnet werden, die die Bundesrepublik finanzierte. Über Berlin-Hermsdorf erreichte man via Gudow/Zarrentin Schleswig-Holstein und Hamburg. Damit lief der Transitverkehr nur noch über Autobahnen.

In den fünfziger und sechziger Jahren nutzte die DDR die Transitstrecken, um politischen Druck auszuüben. Beispiel: Als der Bundestag im April 1965 demonstrativ in der West-Berliner Kongresshalle tagte, sperrte die DDR vorübergehend wegen angeblicher Truppenmanöver den gesamten Transitverkehr, Bundestagsabgeordneten wurde die Durchreise verwehrt. Sowjetische Tiefflieger donnerten mit permanentem Überschallknall über den Versammlungsort, um die Sitzung zu stören und die Berliner Bevölkerung zu terrorisieren. Die West-Alliierten waren wegen des Eskalation der Lage damit auch nicht einverstanden und verboten fortan weitere Sitzungen des Bundestages in West-Berlin.

Die Reisenden im Berlin-Verkehr konnten die politische Stimmung immer bei der Kontrolle an der Grenze ablesen. Es kam zu Wartezeiten für Lkw's bis zu 70 Stunden, indem die Abfertigung einfach eingestellt wurde oder indem man das Abladen, die Nachzählung und Wiederaufladung der Waren verlangte.

Wer in den Kontrollpunkt Dreilinden/Drewitz einfuhr, musste über holpriges Pflaster Schritt fahren. Beiderseits der Straße Sperrzäune und Stacheldraht, links ein Podest, auf dem seit 1969 ein sowjetischer T 34-Panzer

Kontrollpunkt Dreilinden in den 1960er Jahren

stand, das Schießrohr Richtung West-Berlin gerichtet. Darunter der Schriftzug „Ruhm der Roten Armee".

Man passierte Panzersperren mit dicken Betonklötzen links und rechts der Fahrbahn. Nach langem Warten in der Reihe musste man sein Auto abstellen, um sich ein „Transitvisum" in der Grenzbaracke abzuholen und die Straßenbenutzungsgebühr zu zahlen. Dann musste man mit seinem Auto langsam zum Zoll vorfahren. Nun mussten alle Insassen aussteigen, die Hinterbank wurde hochgeklappt, das Handschuhfach geöffnet und alle Ablagen durchsucht. Mit einer biegsamen Metallstange wurde sogar im Tank herum gestochert. Als Kind habe ich mich immer gefragt, was die wohl da drin vermuten. Der Kofferraum und die Motorklappe musste geöffnet werden. Wer Pech hatte, musste Reisetaschen und Koffer ausladen und aufmachen, um den Inhalt zu durchwühlen. Wer sich weigerte, durfte nicht weiter fahren oder wurde zurück geschickt. Schließlich rollte ein flach auf Rädern befestigter, um 45° geneigter Spiegel an einem langen Handgriff heran, um auch unter das Auto zu schauen.

Die patrouillierenden DDR-Grenzsoldaten mit griffbereiter Maschinenpistole blickten meist abweisend. Der Autor erinnert sich, dass meine Mutter, die frierend die Kontrolle im kalten Wind über sich ergehen lassen musste, die angespannte Situation etwas auflockern wollte. An einen Grenzsoldaten gewandt sagte

46

sie: *Hier bei Ihnen zieht es aber!* Der lächte süffisant und erwiderte: *Ja, wir haben vergessen die Tür zuzumachen!* Das saß, denn damit meinte er unzweifelhaft die Schließung der Grenzen – auch für den Transiverkehr! Meine Mutter, als waschechte Berlinerin sonst um keine Antwort verlegen, schwieg betreten. Vielleicht hatte mein Vater ihr auch einen warnenden Blick zugeworfen.

Wenn man dann den DDR-Grenzkontrollpunkt zur Überfahrt in die Bundesrepublik erreicht hatte, ging die ganze Prozedur von vorne los. Man kann sich vorstellen, was zu Ferienbeginn an der Grenzkontrollstelle los war, wenn sich Tausende Autos durch das Nadelöhr quetschen mussten. Da sich der Verkehr oft weit nach West-Berlin hinein staute, entstand am Kreuz Zehlendorf ein Stauraum für fast 900 Pkw's.

Damit Transitreisende nicht etwa auf die Idee kamen die Transitautobahn zu verlassen, um im Land herum zu fahren, wurde bei der Einreise die Uhrzeit notiert. In einem entsprechenden Zeitfenster musste man dann die Durchfahrt geschafft haben. Doch es konnte passieren, dass die Autobahn plötzlich gesperrt wurde. Gründe erfuhr man meist nicht. Wer dann wegen der unfreiwilligen Pause ein oder zwei Stunden zu spät am Übergang eintraf, musste sich ggf. die höhnische Frage im schönsten Sächsich gefallen lassen: *Nu sachen Se mal, wo komm Se denn jetzt hea?*

Ein Missbrauch des Transitverkehrs wurde in der ersten Folge des ARD-Tatort „Taxi nach Leipzig" (Erstausstrahlung 29. 11. 1970) thematisiert. Dort ermittelt ein westdeutscher Kommissar – natürlich illegal – auf eigene Faust in der DDR. Er nutzt die Transitautobahn nach West-Berlin, täuscht in der Nähe von Leipzig eine Autopanne vor und sucht mit einer Taxe Tatverdächtige auf, die er ausfragt.

Das alles änderte sich 1972. 1971 schlossen beide deutsche Staaten ein Transitabkommen, das ein Jahr später in Kraft trat. Die Bundesrepublik erklärte sich bereit, die Straßenbenutzungsgebühr pauschal zu bezahlen, die die DDR 1951 eingeführt hatte (1989: 525 Mio. DM). Die DDR erklärte sich zu zügigen Kontrollen ohne Schikanen bereit. Die Insassen konnte bei der Kontrolle der Papiere sitzen bleiben. Bundesbürger bekamen einen Visastempel in den Pass, West-Berliner ein extra Einlegeblatt (Transitvisum), was bei der Ausreise wieder eingezogen wurde. Eine Kontrolle des Fahrzeuges und des Gepäcks gab es im Transitverkehr in der Regel nicht mehr. Wer zu Besuch in die DDR fuhr, unterlag weiter den peniblen Kontrollen.

Um auch eine zügige Abfertigung des Lkw's zu gewährleisten, wurden die Fahrzeuge mit einem Nylonseil umspannt, was durch Ösen gehalten und verplombt wurde. Diese Plombe kontrollierte man bei der Ein- und Ausreise.

Die Transitautobahnen waren Teil des Autobahnnetzes der DDR. Deshalb offenbarte sich nach dem Grenzbereich eine ganz andere Fahrzeugwelt: Trabants, Wartburgs, ein Moskwitsch, Fiats aus polnischem Nachbau, Skodas oder russische

Kontrollpunkt Marienborn in den 1980er Jahren. Foto: David Wintzer

Armeefahrzeuge. Gemeinsam hoppelte man über die Piste, die nur aus Beton-platten bestand, dessen Zwischenräume mit Teer ausgegossen waren. Bei den Straßenverhältnissen schien es ohnehin geraten, die vorgeschriebene und über-wachte Höchstgeschwindigkeit von 100km/h einzuhalten.

Es war auch weiterhin grundsätzlich verboten, die Transitwege zu verlassen. Ausnahmen gab es nur z. B. bei einem medizinischen Notfall. Damit wollte man verhindern, dass man Freunde oder Verwandte in der DDR besuchte oder gar irgendwo Fluchtwillige in den Kofferraum einsteigen ließ. Westliche Pkw's in der Nähe der Transitautobahn wurden daher von der Volkspolizei verstärkt kon-trolliert. Wer dann statt eines notwendigen Einreisevisums nur ein Transitvisum vorzeigen konnte, musste im günstigsten Fall mit einer langen und einschüch-ternden Fahrzeug- und Gepäckkontrolle rechnen.

Es war erlaubt, an Autobahngaststätten, Autobahntankstellen (Preise güns-tiger als im Westen) oder Rastplätzen zu halten. Teilweise war dies sogar er-wünscht. Denn hier mussten Transitreisende in DM zahlen, denn DDR-Geld besaßen sie ja nicht. Einige große Raststätten hatten auch einen Intershop (s. S. 35), wo man Devisen einnehmen konnte.

Da die DDR-Grenzer nun die Fahrzeuge im Transitverkehr nicht mehr nach Flüchtlingen durchsuchen durften, überwachte man verstärkt die Rast-plätze, um hier ein Zusteigen Fluchtwilliger zu erschweren. Größere Raststätten und Tankstellen wurden mit Kameras überwacht. Auf kleineren Rastplätzen ließ sich immer wieder einmal unerwartet eine Streife der Volkspolizei sehen. Zusätzlich hielten sich dort Mitarbeiter des Staatssicherheitsdienstes in Zivil auf, als normale Reisende getarnt.

Daher war es auch nicht ratsam, sich mit Verwandten in der DDR auf solchen Rastplätzen zu verabreden oder gar Geschenke auszutauschen. Der Transitverkehr diente ja ausschließlich dazu, das Territorium der DDR zwischen West-Berlin und dem Bundesgebiet zu durchqueren. Solche Treffen wurde von der DDR als Missbrauch des Transitverkehrs angesehen und konnten mit dem zeitweiligem Ausschluss vom Transitverkehr geahndet werden. Wer in West-Berlin wohnte, kam dann nur noch mit dem Flugzeug weg (s. S.42). Und die Verwandten, die zu einem solchen Treffen kamen, mussten auch mit Repressalien rechnen. So beließ man es lieber dabei, westlichen Autos von Autobahnbrücken zaghaft zuzuwinken.

Letztlich konnten die Sicherheitskräfte aber nicht alle Rastplätze rund um die Uhr überwachen. Auch wurde nicht jeder westliche Pkw bemerkt, der heimlich die Transitstrecken verließ, um Fluchtwillige in den Kofferraum steigen zu lassen. So schleuste man Agenten in Fluchthilfeunternehmen oder fungierte zum Schein selbst als Fluchthelfer. Auf diese Weise fand sich ein Fluchtwilliger, der sich vertrauensselig an einen ihm vermittelten Fluchthelfer wandte, unvermittelt in den Fängen der Staatssicherheit wieder. Nachdem eine entsprechende Technik in den 1980er Jahren verfügbar war, setzte die DDR an den Grenzkontrollstellen auch Wärmeüberwachungsgeräte aus Schweden ein. In den letzten Jahren nutzte man sogar ohne Wissen der Reisenden und der unteren Dienstgrade eine radioaktive Fahndungstechnik. Sie machte jeden Menschen als dunklen Fleck auf einem Bildschirm sichtbar – auch den Flüchtling im Kofferraum.

Die Ausschleusung von Flüchtlingen über die Transitstrecken war also stets ein großes Risiko. Die DDR nannte das umgangssprachlich „Republikflucht". Der „ungesetzliche Grenzübertritt", wie es juristisch korrekt hieß, war nach § 213 des Strafgesetzbuches der DDR eine strafbare Handlung. Darauf standen mehrjährige Gefängnisstrafen, sowohl für den Flüchtling, als auch für den Fluchthelfer, Unterstützer und Mitwisser.

Auch, wenn man die Transitstrecken ohne illegale Absichten benutzen wollte, stellte sich doch an den Grenzkontrollstellen immer ein leichtes Gefühl der Beklemmung ein: Jetzt bloß keinen Fehler machen und ‚denen' keinen Vorwand liefern, einem irgendwelche Schwierigkeiten zu machen.

Übrigens gab es bis 1977 polizeiliche Kontrollen auch an den Zufahrtsstraßen zwischen Ost-Berlin und der übrigen DDR.

Zu ergänzen wäre noch, dass für den Güterverkehr auch ein Schiffsverkehr über Schnackenburg/Cumlosen oder Rühen/Buchhorst möglich war. Einen Schiffsverkehr für Personen gab es nicht.

Wie Splitter in der DDR –
Die West-Berliner Exklaven

Eine Exklave ist Teil eines politischen Gebietes, das vom Rest des Gebietes räumlich abgetrennt ist und deshalb nur über ein anderes Gebiet zu erreichen ist. Beispiele für Exklaven sind Alaska (Exklave der USA), das Kaliningrader Gebiet (Exklave Russlands) oder die deutsche Exklave Büsingen, die völlig von Schweizer Staatsgebiet umschlossen ist.

Aber auch Städte haben Exklaven. Am bekanntesten ist die Exklave der Stadt Bremen, nämlich Bremerhaven, die wiederum in Niedersachsen eine kleine Exklave hat. Für Niedersachsen sind diese Gebiete sprachlich gesehen Enklaven, also Gebiete, die vollständig von anderem politischen Gebiet umschlossen sind.

Die Lage der zu Berlin-Spandau gehörenden Exklaven

Exklaven und Enklaven machen in der alltäglichen Praxis eigentlich kaum Probleme, wie das Beispiel Bremen zeigt.

Berlin hatte ursprüglich elf Exklaven mit einer Gesamtfläche von etwa 85 ha, die bis auf Steinstücken und Finkenkrug alle unbewohnt waren und nur aus Acker- und Gartenland oder Wiesen bestanden.

Die Entstehung dieser Exklaven hängt vermutlich damit zusammen, dass man bei Zahlung der Grundsteuer diese Gebiete den Gemeinden hinzurechnete, wo die Eigentümer ansässig waren. Nach dem Zweiten Weltkrieg kam es zu Komplikationen, da diese Exklaven in der sowje-

Die Lage der zu Berlin-Zehlendorf gehörenden Exklaven

tisch besetzten Zone lagen, nun aber zum amerikanischen und britischen Sektor gehörten, ohne das es eine territoriale Verbindung gab. Als Folge davon lagen später „Splitter" von West-Berlin in der DDR.

Zum Bezirk Berlin-Spandau gehörten einst sieben solcher Gebiete, zum Bezirk Berlin-Zehlendorf vier.

1972 und 1988 trafen der West-Berliner Senat und die DDR Vereinbarungen, um komplizierte Grenzverläufe durch Geländeaustausche und Ausgleichszahlungen zu begradigen. Dabei ging es auch um Geländestreifen, die zur DDR gehörten und nach West-Berlin hinein ragten (z. B. Lennédreieck s. S. 88). An dieser Stelle soll es aber nur um die Exklaven gehen.

Die Gebietsveränderungen von 1972

Steinstücken

Das gut 12 ha große Land erwarb die Gemeinde Stolpe 1787, wo sich 1817 eine Kolonie ansiedelte. Sie erhielt den Namen nach einer alten Flurbezeichnung.

1860 zählte man fünf Wohn- und acht Wirtschaftsgebäude. 1937 hatte die Siedlung schon 270 Bewohner. Nach dem Zweiten Weltkrieg wurde Steinstücken Teil des amerikanischen Sektors, lag aber knapp einen Kilometer von Zehlendorf entfernt, zu dem es seit 1920 verwaltungsmäßig gehörte. Um voll-

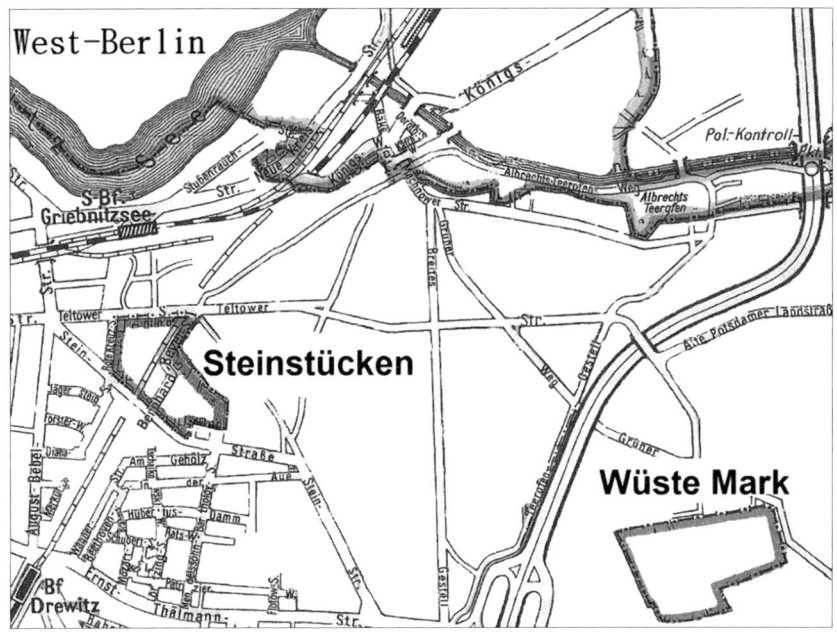

Die Exklaven „Steinstücken" und „Wüste Mark" südlich von Berlin-Zehlendorf um 1965

endete Tatsachen schaffen zu wollen, besetzten DDR-Volkspolizisten die Exklave am 18. 10. 1951. Auf Druck der USA zogen sie sich vier Tage später wieder zurück. Ende Mai 1952 riegelte die DDR Steinstücken vom Umland ab. Nur über einen von der DDR kontrollierten Verbindungsweg konnten die Bewohner ihre Siedlung betreten oder verlassen. Besucher, auch Lieferanten zum Beispiel, mussten eine Meldebescheinigung über einen Zweitwohnsitz in Steinstücken vorweisen. Kontrolliert wurden selbst Kinder auf dem Weg zur Schule. Nach dem Mauerbau wurde das Gebiet mit Stacheldraht hermetisch abgeriegelt und 1963/64 ebenfalls von einer Betonmauer umschlossen. Man verglich die Exklave mit einer Hallig im „Roten Meer" oder mit dem gallischen Dorf aus den Asterix-Geschichten, das den Römern trotze.

Obwohl Steinstücken zum amerikanischen Sektor gehörte, verwehrten DDR-Grenzposten dem US-Militär stets den Zutritt, weshalb US-General Clay am 21. 9. 1961 mit einem Hubschrauber in die Exklave flog. Er stationierte dort drei Soldaten. Seither nutzten Militärs und Mitglieder der Stadt- und Bezirksverwaltung immer wieder diesen Luftweg. An jene Zeit erinnert heute auf dem bis Ende 1976 genutzten Landeplatz ein aus zwei Rotorblättern gebildetes kleines „Luftbrücken"-Denkmal.

In einem Abkommen mit der DDR vereinbarte der Senat von West-Berlin im Dezember 1971 den Bau einer 1,2 Kilometer langen Verbindungsstraße, die am 30. 8. 1972 dem Verkehr übergeben wurde. Damit war die ehemalige Exklave über eine 100 Meter breite Schneise verkehrsmäßig mit Berlin verbunden, die

Eröffnung der Verbindungsstraße nach „Steinstücken" am 30. 8. 1972, die rechts und links von der Mauer gesäumt wird. Foto: Bert Sass

rechts und links durch Grenzanlagen samt Mauer begrenzt wurde. Nun fuhr auch ein Bus der West-Berliner Verkehrsbetriebe regelmäßig hierher. Doch bei der Energie- und Wasserversorgung blieb Steinstücken noch einige Jahre auf die DDR angewiesen. Im Jahr der Grenzöffnung 1989 bezogen noch zwölf Häuser Wasser aus dem Potsdamer Netz.

Nach dem Abbau der Grenzanlagen ab dem Frühjahr 1990 hatte sich das Leben normalisiert. Man lebt verwaltungsmäßig in Berlin, aber räumlich eigentlich in Potsdam. Der ungewöhnliche Grenzverlauf von 1972 ist bis heute unverändert, nun allerdings nur noch als administrative Landesgrenze zwischen Berlin und Brandenburg.

Klein-Glienicker-Exklaven am Böttcherberg

Die kleinen Siedlungsgebiete von Klein-Glienicke (DDR) westlich und östlich des Böttcherberges (West-Berlin), die im Norden von der Königstraße und im Süden vom Griebnitzsee/Teltowkanal begrenzt sind, gehören zu Potsdam. Daher ergab sich bei der Bildung von Groß-Berlin 1920 ein komplizierter Verlauf der Stadtgrenze; der westliche und östliche Arm der brandenburgischen Siedlung umschließen den West-Berliner Böttcherberg von drei Seiten. Innerhalb des westlichen Armes lagen aber noch drei kleine Grundstücke an der Mövenstraße, an der Wilhelm-Leuschner-Straße und an der Luise-Nathan-Allee, die zum West-Berliner Bezirk Zehlendorf gehörten, was den Grenzverlauf an der Stelle noch unübersichtlicher machte. Das wurde besonders nach dem Bau der Sperranlagen deutlich: Klein-Glienicke war ringsum von den scharf bewachten Grenzanlagen umgeben.

Die Parkbrücke im Zuge der Lankestraße war die einzige Verbindung über den Teltowkanal Richtung Süden nach Babelsberg. In allen anderen Himmelsrichtungen stand die Mauer. Ein Kontrollposten der DDR-Grenztruppen mit Schlagbaum und Wachturm überprüfte alle Personen, die nach Klein-Glienicke hinein wollten. Zugang hatten fast nur diejenigen, die dort wohnten. Dafür mussten sie einen besonderen Passierschein vorzeigen. Spontanbesuche bei Freunden oder Verwandten in Klein-Glienicke waren völlig unmöglich. Treffen, z. B. für Familienfeiern, mussten Monate im Voraus geplant und beantragt werden.

Besonders eifrige Bewohner hatten sich freiwillig zum sogenannten „Grenzsicherheitsaktiv" gemeldet. Sie achteten darauf, dass niemand den Grenzsperren zu nahe kam oder sich zu verdächtiger Zeit auf der Straße bewegte. Sie kontrollierten mitunter auch, ob Gartenleitern vorschriftsmäßig mit Schloss und Ketten gesichert waren. Schließlich sollten Fluchtwillige keine geeigneten Hilfsmittel vorfinden, um die Sperranlagen zu überklettern. Dennoch gelang zwei Familien aus Klein-Glienicke und Erfurt – insgesamt neun Personen – hier am 25./26. 7. 1973 die Flucht durch einen selbst gegrabenen Tunnel. Tragisch dagegen

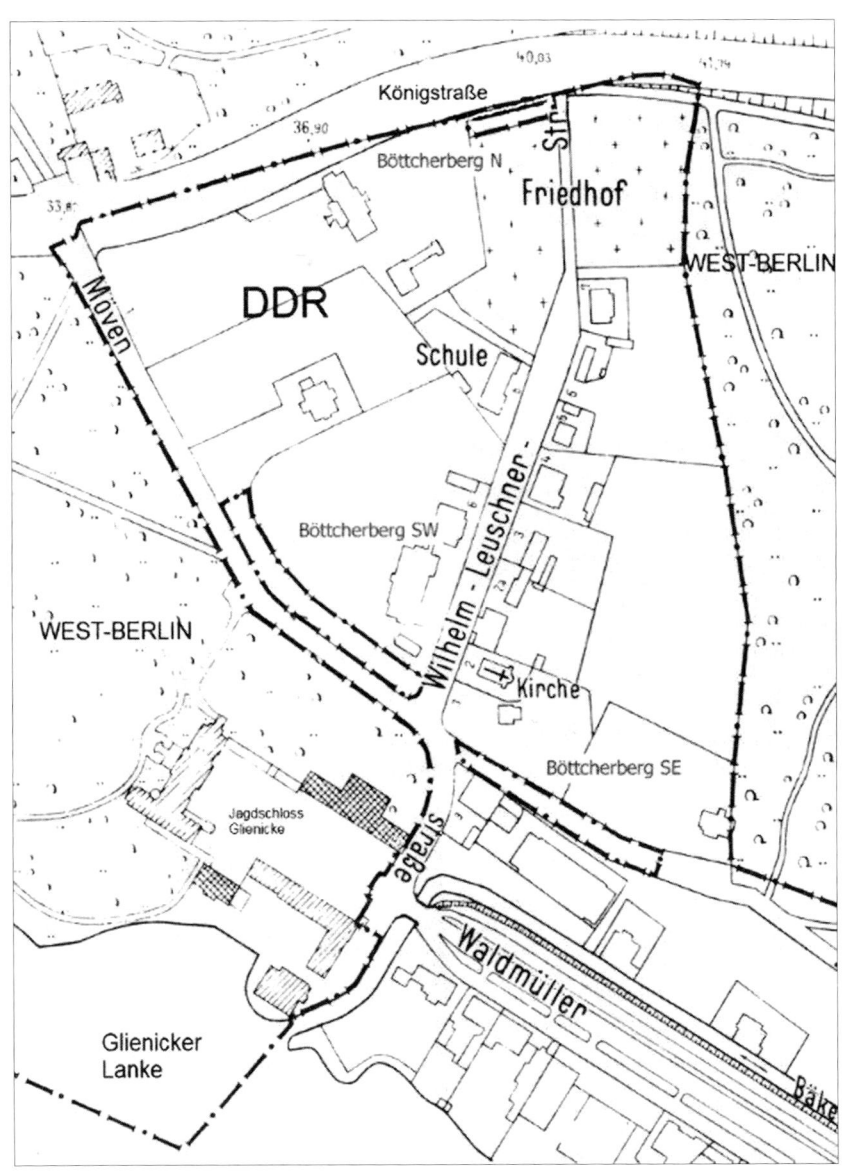

Die drei West-Berliner Exklaven in Klein-Glienicke

endete die Flucht von Günter Wiedenhöft (geb. 1942), der in der Nacht vom 5. auf den 6. 12. 1962 im Griebnitzsee ins Eis einbrach und ertrank. Seine Leiche wurde erst am 25. 3. 1963 von Grenzsoldaten entdeckt.

Am 15. 11. 1968 wurde der DDR-Grenzsoldat Rolf Henniger (geb. 1941) von dem 21-jährigen Wachtmeister der DDR-Volkspolizei Horst Körner erschossen. Dieser hatte sich mit einer geladenen Maschinenpistole kurz vor der Brücke nach Klein-Glienicke hinter einem Baum versteckt, um nach West-Berlin zu flüchten. Als er sich entdeckt sah, eröffnete er sofort das Feuer auf Henninger. Daraufhin streckte sein Begleiter Körner mit mehreren Feuerstößen aus einer MP nieder. Die DDR feierte Rolf Hennigers Heldenmut, der einen ‚verbrecherischen Anschlag auf den Sozialismus und den Frieden' vereitelt habe.

Hier war der Irrwitz der Zeitgeschichte permanent gegenwärtig.

Als Gespräche zwischen dem West-Berliner Senat und der DDR über einen Gebietsaustausch begannen, schlug die östliche Seite vor, die Exklave Steinstücken aufzugeben und die Bewohner nach Klein-Glienicke an den Böttcherberg umzusiedeln. Die DDR würde dafür dieses Gebiet räumen und die Grenze südlich zurück verlegen. Das lehnte der Senat aber ab; die Steinstückener wären wohl auf die Barrikaden gestiegen. Politisch war das nicht durchsetzbar. Es kam nur zu der kleinen Lösung, nach der die genannten Kleinst-Exklaven mit nur ca. 0,3 ha 1971 an die DDR übergeben wurden, da sie für die westliche Seite weder zugänglich noch nutzbar waren.

Früher war Klein-Glienicke ein begehrter Wohnort: Die Schauspielerin Lilian Harvey wohnte vier Jahre in der Griebnitzstraße 5a, einem Wassergrundstück. Ebenfalls ein Wassergrundstück bewohnte Kurt von Schleicher in der Griebnitzstraße 4, der zwei Monate Reichskanzler war. Sein Nachfolger Hitler ließ ihn 1934 in seiner Villa erschießen. In den 1980er Jahren wurden die leer stehenden und verfallenen Villen in der Griebnitzstraße Nummer 4, 5, 5a und 6 im Rahmen der Grenzsicherung platt gemacht. Heute stehen dort neo-klassizistische Neubauten. Klein-Glienicke gehört inzwischen zum Unesco-Weltkulturerbe der Berlin-Potsdamer Schlösserlandschaft.

Nuthewiesen

Die Drewitzer Nuthewiesen liegen südlich der Nuthestraße. Ein Gebiet von 3,64 ha dieser Wiesen gehörte bis zum Gebietsaustausch von 1971 zu West-Berlin. Die unbewohnte und ungenutzte Exklave lag etwa im südlichen Winkel zwischen Nuthestraße und kreuzender Bahnlinie zwischen den Bahnhöfen Drewitz und Rehbrücke.

Die Gebietsveränderungen 1988

Wüste Mark

Das 21,8 ha große Gebiet gehörte seit 1915 der Stadt Berlin. Zu jener Zeit kaufte der Zweckverband Groß-Berlin Waldflächen in der Umgebung auf, um sie der Bodenspekulation zu entziehen und für die Naherholung zu erhalten.

Nach 1945 lag das Areal jenseits der Sektorengrenze (s. Karte S. 52). Dessen ungeachtet pachtete der Zehlendorf Landwirt Wendt aus West-Berlin 1959 den Acker für den Getreideanbau. Als 1961 die Grenzen geschlossen wurden, war damit vorerst Schluss. Erst ab Oktober 1965 konnte Wendt durch besondere Vereinbarungen mit der DDR seine Felder über die Grenzkontrollstelle „Dreilinden" erreichen. Dabei musste er mit seinen langsamen landwirtschaftlichen Fahrzeugen ein Stück auf der Autobahn fahren. Die Situation war in zweifacher Hinsicht einzigartig: Wendt dürfte damals der einzige Bauer in ganz Deutsch-

Die Wüste Mark mit Grenzschild um 1985

land gewesen sein, der mit einem Traktor über eine Autobahn tuckern durfte. Zusätzlich war er wohl der einzige Bauer, der seinen Hof im Westen hatte, aber einen Acker jenseits der Mauer bewirtschaftete.

Auf dem Gelände stand seinerzeit auch eine Scheune. Die Exklave war unbewohnt und deswegen wohl weder bewacht oder eingezäunt, noch von einer Mauer umgeben. Um den Acker herum waren lediglich rot-weiß gestrichene Grenzpfähle aufgestellt mit der viersprachigen Aufschrift: „ G r e n z g e b i e t / Betreten und befahren verboten." Es gab keinen Hinweis darauf, dass es sich hier um West-Berliner Gebiet handelte. Als im Rahmen eines Gebietsaustausches die Wüste Mark am 1. 7. 1988 an die DDR fiel, konnte der Landwirt diese Fläche nicht mehr bewirtschaften. Erst nach dem Fall der Mauer nahm der Betrieb diesen Acker wieder in Besitz. Er gehört aber heute zur Gemeinde Stahnsdorf.

Finkenkrug

Ein 3,45 ha großes Gelände in Falkensee/Finkenkrug zwischen Ringstraße und Schlaggraben gehörte bis 1972 zum West-Berliner Bezirk Spandau, Ortsteil Kladow. Obwohl hier zwei bis drei Wohn- und einige Nebengebäude standen, wurde dieses exterritoriale Gebiet wie Staatsgebiet der DDR behandelt. Die wenigen Bewohner konnten sich nicht darauf berufen rechtlich in West-Berlin zu wohnen, zumal West-Berlin rund vier Kilometer Luftlinie entfernt lag. Anders

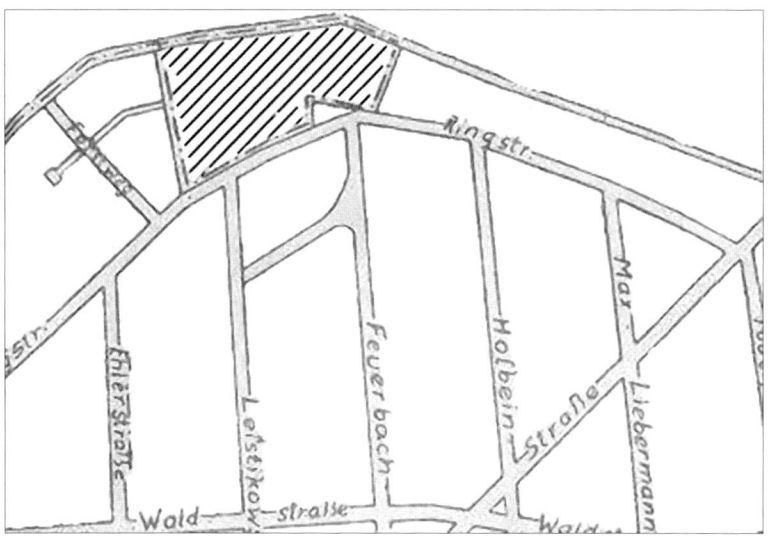

Die Lage der Exklave Finkenkrug um 1960

als in Steinstücken waren sie faktisch Bürger der DDR. Da die ordentliche Führung der Grundbücher hier zu jener Zeit sehr vernachlässigt worden war, wussten die Bewohner vermutlich nicht einmal etwas vom Status ihres Grundstücks.

Fichtewiese/Erlengrund

Die benachbarten Kolonien Fichtewiese (0,5 ha) und Erlengrund (3,5 ha) bestanden aus Wochenendgrundstücken, die nur einige Meter jenseits der Stadtgrenze lagen. Beim Bau der Mauer wurde die beiden kleinen Kolonien einzeln ringsherum von den Sperranlagen umwehrt. Mit den Jahren bürgerte sich das Verfahren ein, dass der Vereinsvorsitzende jedes Jahr eine Liste mit den Namen der Pächter und möglicher Besucher beim zuständigen Rat des Kreises der DDR einreichen musste. Dort wurde die Liste „geprüft".

Wer dann auf seine Parzelle wollte, musste bis zur Mauer fahren. Dort waren ein Rolltor eingebaut. Über eine Rufsäule konnte man sich dann bemerkbar machen. Dort war ein kleines Schild mit „Gebrauchsanweisung" angebracht: *ACHTUNG Klappe hochklappen – Anruf abwarten – dann sprechen.* Wenn sich das Rolltor öffnete, betrat man die Grenzanlagen und gelangte in eine abgesperrte Gasse. An einem Kontrollhäuschen wurden Mitgliedsausweise und Personalaus-

Tor am Zugangsweg zu den Exklaven Fichtewiese und Erlengrund am 22. 2. 1987

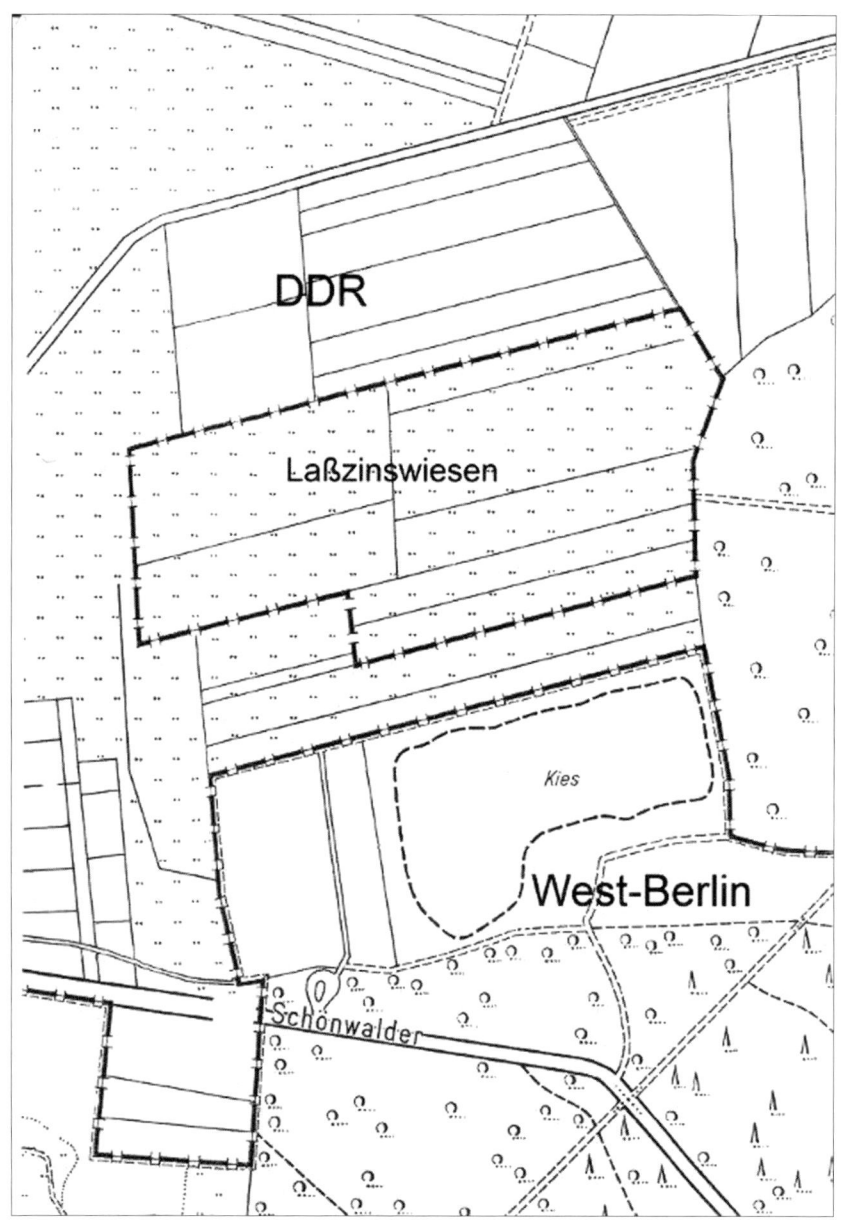

Die Exklave Laßzinswiesen um 1975

weise mit der eingereichten Liste verglichen. Wer nicht darauf verzeichnet war, musste wieder umkehren. Bundesbürger und Ausländer waren nicht zugelassen. Die Parzellenbesitzer witzelten, ihre Lauben brauchten sie gar nicht abzuschließen, diese würden schließlich militärisch bewacht: Mauern, Signaldrähte, Stacheldraht, Scheinwerfer, Wachtürme – das ganze Programm.

1988 änderte sich der Zustand aufgrund einer Vereinbarung. Die Grenzanlagen zwischen dem Berliner Stadtgebiet und den beiden Kolonien wurden abgebaut und hinter die Kolonien verlegt. 16 Monate später fiel die Mauer. Der frei gewordene Grenzstreifen wurde aufgeforstet. Nun mussten die Laubenbesitzer selbst auf ihre Häuschen aufpassen oder gut versichert sein …

Laßzinswiesen

Dieses 13,5 ha große Wiesengelände war nur durch einen etwa 50 Meter breiten Streifen vom West-Berliner Gebiet getrennt und fiel 1988 vereinbarungsgemäß an die DDR.

Falkenhagener Wiesen

Die Falkenhagener Wiesen mit einer Größe von 45,5 ha gehörten bis zum Austausch 1988 zu Kladow. Auf einem Teil der Fläche wurden in den 1980er Jahren Rüben und Getreide angebaut. Sie war nicht - wie bei der Wüste Mark - als exterritoriales Gebiet erkennbar. Es gab weder Schilder noch Grenzzäune. West-Berlin lag rund fünf Kilometer Luftlinie entfernt.

Die Felder links waren Teil der Exklave Falkenhagener Wiesen, die Bäume im Hintergrund markieren die Bahnlinie und gehören nicht dazu (Juli 1983).

61

Wer von Falkensee über die Nauener Chaussee (L 201) Richtung Briese-lang fährt, passiert einen Bahnübergang. Zwischen diesem Bahnübergang und den Pferdehöfen (Nauener Chaussee 18 und 21) lag die Exklave auf der rechten Seite und reichte bis zum Kanal.

Eiskeller

Am westlichsten Ausläufer des Spandauer Forstes lag – ähnlich einer Haken-nase – die Fast-Exklave „Eiskeller". Hier kam es 1972 und 1988 zu Gebiets-veränderungen. Der Name erinnert daran, dass man in früherer Zeit im Winter Eis aus dem nahen Falkenhagener See holte, hier geschützt lagerte, um es im Sommer an Gaststätten, Brauereien und Krankenhäuser zu verkaufen. Zudem ist es hier im Winter durch Kaltluftseen in den Mulden mitunter 10° C kälter als in der Berliner Innenstadt. Im Sommer hingegen ist es hier durch aufgeheizte Sandflächen oft wärmer als in der City. Die Sandflächen geben die Wärme sofort wieder an die Luft ab, während Beton die Wärme speichert.

Mit dem Bau der Mauer wurde die Lage in und um Eiskeller sehr unüber-sichtlich. Nicht nur die hin und her springende Stadtgrenze machte Probleme. Innerhalb von „Eiskeller" gab es wiederum Kleinst-Enklaven, die zur DDR ge-

Britischer Panzerspähwagen als Schutz eines Kindes auf seinem Schulweg von Eiskeller nach Spandau am 29. 8. 1961. Foto: Horst Siegmann

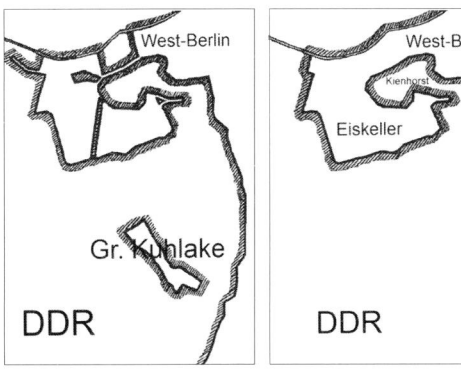
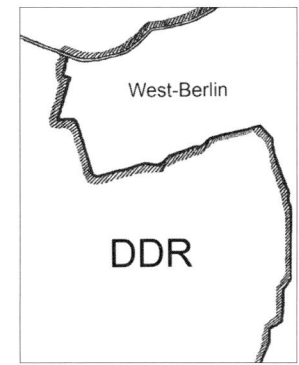

Eiskeller bis 1972   *Eiskeller 1972–1988*   *Eiskeller seit 1988*

hörten. Für die rund 20 Bewohner auf drei Bauernhöfen gab es nur einen vier
Meter breiten und 800 Meter langen Zugang. Als ein Schüler aus Eiskeller 1961
seinen Eltern erzählte, DDR-Volkspolizisten hätten ihn auf diesem Weg zur Schule
nach Spandau aufgehalten, hoffte er auf ein paar freie Tage. Statt dessen eskor-
tierten ihn nun täglich fünf britische Soldaten mit einem gepanzerten Fahrzeug.
Fotos davon gingen um die Welt und „bewiesen", dass DDR selbst kleine Kinder belästigte, die doch nur in der Schule fleißig „lernen wollten" …

Durch die eingeschnürte Lage hatten die Bewohner zunächst auch keinen
Anschluss an die öffentliche Wasser- und Gasversorgung; eine Stromleitung erreichte Eiskeller erst 1978.

Die Mauer folgte hier nicht dem komplizierten Verlauf der politischen
Grenze. Die Sperranlagen verliefen von der Westgrenze von „Eiskeller" in süd-
östlicher Richtung etwa im Verlauf der Pestalozzistraße bis nördlich der Siedlung Falkenhöh. Folglich war das Areal in diesem Bereich jenseits der Grenzanlagen auch noch DDR-Gebiet, das von den Grenztruppen ab und zu
kontrolliert wurde. Für Zivilisten war das Gelände tabu. DDR-Bürger hinderte
die Mauer, West-Berliner wären wegen „Grenzverletzung" festgenommen worden, wenn sie sich trotz der Warnschilder da hinein gewagt hätten. Im Unter-
holz konnte man jederzeit bewaffneten Grenztruppen gegenüber stehen.

Der Autor erinnert sich, wie er um 1985 mit einem Pkw in Falkenseer
Ortsteil Falkenhagen unterwegs war. In Unkenntnis des tatsächlichen Verlaufs
der Grenzanlagen wollte ich erkunden, wie weit man kam. Wir fuhren eine gerade
Straße Richtung Grenze, die scheinbar immer weiter geradeaus ging. Aber plötzlich wurden wir gewahr, dass Grenztruppen hier ein breites Tor geöffnet hatten,
um mit Militär-Fahrzeugen in das Grenzgebiet zu fahren. Erst im letzten Moment
erkannten wir dann rechts und links die von Büschen verdeckten Grenzanlagen,

bemerkten das Tor, bremsten und kehrten schleunigst um. Bloß schnell weg hier. Nur ein paar Meter weiter, und wir hätten mit einem westdeutschen Pkw mitten in den scharf bewachten Grenzanlagen gestanden!

Durch eine erste Vereinbarung mit der DDR von 1972 fielen die Exklave „Große Kuhlake" mit 8 ha und ein am Westrand des Eiskellers ca. 200 m in DDR-Gebiet hineinreichender Feldweg an den Kreis Falkensee. Die DDR gab im Gegenzug ihre drei Kleinst-Enklaven in „Eiskeller" auf; zwei größere im westlichen Bereich des Eiskellers, eine kleinere an der Nordspitze des östlichen Randes der Halbexklave.

Zusätzlich fiel ein weiteres DDR-Gebiet südlich des Niederneuendorfer Kanals an West-Berlin, um die Grenze zu begradigen. Dadurch wurde Zugang nach Eiskeller erheblich breiter.

Zwischen den Unterzeichnern war vereinbart worden, die Grundbücher und Grundakten zügig auszutauschen. Dazu kam es aber erst im April 1974, weil es Seitens der DDR Probleme gab die entsprechenden Unterlagen aufzufinden und für die Übergabe vorzubereiten.

1988 kam es zu einer letzten Arrondierung: Das Waldgebiet „Große Kienhorst" lag in einer Schlaufe der Grenze und war für die DDR daher eh nicht nutzbar. Es ging an West-Berlin.

Heute ist Eiskeller ein 51,6 ha großes Landschaftsschutzgebiet. Unter besonderem Schutz steht die 1,8 ha große Wiese wegen der hochwüchsigen Glatthafer-Wiesengesellschaften als flächenhaftes Naturdenkmal.

1988 war der zweite und letzte Gebietsaustausch. Vier Gebiete mit einer Größe von insgesamt 87,3 ha gingen an die DDR. Darunter waren u. a. die Wüste Mark, die Laßzinswiesen und die Falkenhagener Wiesen.

An West-Berlin fielen 14 Gebiete mit insgesamt 96,7 ha. Darunter waren u. a. die Fichtewiesen, Erlengrund und auch das Lenné-Dreieck (s. S. 88). Außerdem zahlte West-Berlin einen Wertausgleich in Höhe von 76 Millionen DM an die DDR.

Nachzutragen wäre noch, dass ein kleiner Teil der Tiefwerder Wiesen in Spandau eine Enklave der DDR in West-Berlin war. Sie gehörte zum brandenburgischen Ort Seeburg, der kurz hinter der Stadtgrenze (Spandau) lag. Die britische Besatzungsmacht, in deren Sektor die Enklave lag, lehnte einen staatshoheitlichen Anspruch der DDR ab. Allerdings wiesen sie die West-Berliner Behörden an, Sicherheit und Ordnung zu gewährleisten, aber auf dem Gebiet keine Amtshandlungen vorzunehmen. Anfang der 1960er Jahre entstand hier eine Laubenkolonie. Als Mitarbeiter der Verwaltung feststellten wollten, ob hier gegen Umwelt-Gesetze verstoßen wurde, verboten die Briten den Mitarbeitern 1963, das Areal zu diesem Zweck zu betreten.

Die DDR erinnerte sich anlässlich von Verhandlungen 1971 dieses Gebietes, um es einzutauschen. Doch die Briten lehnten ab: Die Tiefwerder Wiesen unterständen weder der Verwaltung der DDR noch des Senats, so dass sie kein Verhandlungsgegenstand sein könnten.

In einer Protokollnotiz zu den letzten Gebietsaustauschvereinbarungen 1988 erklärten beide Seiten, nunmehr keine Exklaven im jeweils anderen Territorium zu haben. Damit fiel stillschweigend auch die Seeburger Enklave an West-Berlin. Zwei Jahre später wurde im Einigungsvertrag zwischen beiden deutschen Staaten festgelegt, dass alle Vereinbarungen über den Austausch der Gebiete unverändert gültig bleiben.

Albrechts Teerofen

Ähnlich wie Eiskeller war auch „Albrechts Teerofen" im Ortsteils Wannsee im südwestlichen Bezirk Steglitz-Zehlendorf eine Fast-Exklave. Das Gebiet ist im Norden, Osten und Süden von Brandenburger Gebiet umschlossen und ragt wie eine schmale Halbinsel in das Nachbarland hinein. Nur über das „Kremnitzufer" gibt es einen Anschluss an das Berliner Straßennetz.

Durch Albrechts Teerofen verlief seit 1940 die Trasse der heute als A 115 bezeichneten Autobahn. Südlich des Zehlendorfer Kleeblatts hatte sie zunächst einen anderen Verlauf. Unmittelbar hinter der Stadtgrenze führte sie westlich

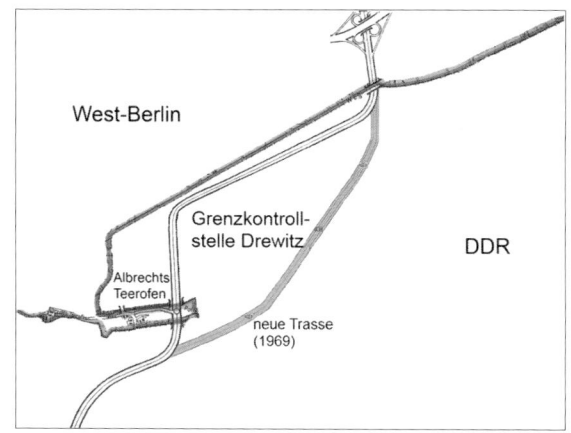

Alte und neue Autobahntrasse an der Grenzkontrollstelle Dreilinden-Drewitz bei Albrechts Teerofen.

der heutigen Strecke mehr als drei Kilometer wieder durch DDR-Gebiet, bevor auf der Brücke über den Teltowkanal erneut ein etwa 150 m breiter Streifen West-Berliner Gebiets begann.

Nach Errichtung Grenzanlagen 1961 diente der Streckenabschnitt nur noch dem Transitverkehr zwischen der Bundesrepublik und West-Berlin und der Einreise in die DDR. Dieser Abschnitt war dann zu beiden Seiten abgesperrt und nicht allgemein zugänglich.

Die alte Autobahnbrücke über den Teltowkanal in Albrechts Teerofen um 1984/85. Im Hintergrund die Mauer

An der südlichen Grenze stand der DDR-Grenzkontrollpunkt. Auf dem schmalen West-Berliner Streifen befanden bis 1969 der alliierte Kontrollpunkt Checkpoint Bravo, Kontrollstellen von West-Berliner Polizei und Zoll sowie eine Autobahnraststätte.

Um die die unübersichtliche Situation zu beseitigen, baute die DDR etwas weiter östlich einen neuen Autobahnabschnitt unter Umgehung von Albrechts Teerofen und legte die alte Trasse still. Die alte Autobahnbrücke über den Teltowkanal mit einigen Markierungen des Checkpoints ist immer noch vorhanden, die Fahrbahn der alten Autobahn blieb über Jahrzehnte erhalten und wurde nach dem Fall der Mauer noch gelegentlich für Filmaufnahmen verwendet. Bis auf den Abschnitt an der Brücke entfernte man den Belag vor ein paar Jahren und renaturierte die Trasse.

1969 wurde dann die Autobahn auf die heutige Trasse verlegt, die sich vollständig auf DDR-Gebiet befand. Die Anlage des Kontrollpunktes Dreilinden-Drewitz (US-Bezeichnung: Checkpoint Bravo) auf West-Berliner Seite mit Abfertigungsgebäuden, Raststätte, Tankstelle und Brückenhaus (Zollstelle) entstand 1968–1972 nach Plänen von Rainer Rümmler und Hans Joachim Schröder. Bauherr der heute unter Denkmalschutz stehenden Gebäude war das Bauamt Nord der Oberfinanzdirektion Berlin.

Die alte, mächtige, aber funktionslose Autobahnbrücke wurde später zu Mauerzeiten als Zeltplatz genutzt.

Der Name „Albrechts Teerofen", 1680 erstmals erwähnt, geht darauf zurück, dass hier im 17./18. Jahrhundert – bevorzugt aus dem harzreichen Kiefernholz – Pech und Teer hergestellt wurde. 1767 findet sich die Bezeichnung „der Albrechtsche Teerofen", wonach ein gewisser „Albrecht" Besitzer eines neu eingerichteten Teerofens war. 1783 soll die Pechsiederei nicht mehr bestanden haben.

Entenschnabel

Am sogenannten „Entenschnabel" bildete die Berliner Mauer einen ihrer absurdesten Verläufe. Es handelte sich um einen 100–200 m breiten Gebietsstreifen des DDR-Dorfes Glienicke, der 700 m nach Berlin-Frohnau (West) hinein ragte.

Der „Entenschnabel" unterbrach die B 96, auf der Karte unten rechts

Nach dem Fall der Mauer wird die unterbrochene Stelle der Bundesstraße 96 wieder hergestellt. Rechts liegt noch ein Mauersegment. 16. 10. 1990.

Mit dem Bau der Mauer wurde auch die Trasse der Bundesstraße 96 von Hermsdorf (West) nach Frohnau durch diesen Entenschnabel unterbrochen. Schon am 1. 7. 1952 hatte die DDR hier die Durchfahrt gesperrt und so musste der gesamte Verkehr um diese „Nase" herum geleitet werden. Versuche des Senats durch einen Gebietsaustausch die Straßenunterbrechung frei zu bekommen, scheiterten.

Die Grenzlage blieb unübersichtlich. 1952 wurde der West-Polizist Herbert Bauer hier von Grenzposten erschossen, als er Passanten helfen wollte, die versehentlich auf Glienicker Gebiet geraten waren.

Die „Schnabel-Bewohner" blickten nach der Errichtung der Grenzanlagen überall gegen die Mauer. Nur sieben Meter Garten hinter den Häusern blieben übrig; den Rest schluckten die Grenzanlagen. Die umgrenzte Fläche war so schmal, dass für einen breiten Grenzstreifen hier keinen Platz war. Die Grenzsicherung bestand nur aus der eigentlichen Mauer und dem sogenannten ‚Hinterlandzaun' und war nur rund drei Meter breit. Daher durften dort nur noch zuverlässige DDR-Bürger wohnen. Sie und ihre Verwandten ersten Grades mussten an einem Kontrollposten vorbei. Alle drei, später alle sechs Monate, musste der Passierstempel bei der Polizei erneuert werden. Alle Besucher, auch Handwerker oder Ärzte, bedurften einer Sondergenehmigung. Die Bewohner hatten sich nach den Sonderregeln für Grenzgebiete zu richten. So durften sie z. B. ihre Häuser nicht verlassen, wenn es wegen eines Fluchtversuchs Alarm gab. 1978 gelang einem Mann hier die Flucht, was mehrstündige, nächtliche Hausdurchsuchungen nach unterirdischen Tunneln nach sich zog. Ein solcher Fluchtweg war bereits 1962 entdeckt worden.

Seit dem Fall der Mauer ist die B 96 wieder durchgängig befahrbar - zum Leidwesen der Anlieger, die ihrer Ruhe nachtrauern.

Wie die Berliner
zu Deutschen zweiter Klasse wurden

Nach dem Viermächtestatus gehörte das Gebiet von Berlin weder zur Bundesrepublik noch zur DDR. Faktisch sah die Bundesrepublik Deutschland West-Berlin als Teil von Westdeutschland an, die DDR behandelte Ost-Berlin mehr und mehr als Teil Ostdeutschlands. In Ost-Berlin galten dieselben Gesetze und die gleiche Währung wie in der DDR. Entsprechendes galt für West-Berlin im Verhältnis zur Bundesrepublik Deutschland. Aber es gab eine Reihe von Besonderheiten:

Behelfsmäßiger Personalausweis: Bürger West-Berlins erhielten bis zur Deutschen Einheit nur den sogenannten „Behelfsmäßigen Personalausweis" ohne den Aufdruck eines Bundesadlers. Im Personalausweis der Bundesbürger stand der Satz: „Der Inhaber dieses Ausweises ist Deutscher". Im West-Berliner Ausweis stand aber: Der Inhaber dieses Ausweises ist deutscher Staatsangehöriger". Das mag zwar dasselbe bedeuten, aber der von den Alliierten gewollte Unterschied war sprachlich gewährleistet.

Der Ost-Berliner Behelfsmäßige Personalausweis wurde 1953 einseitig abgeschafft, weil die DDR den Viermächtstatus für die „Hauptstadt der DDR" als nicht mehr existent betrachtete.

Wehrpflicht: In Berlin galt der sogenannte „Entmilitarisierte Status", wobei die „Entmilitarisierung" natürlich nur für deutsches Militär galt. Das bedeutete, dass junge Männer in Berlin nicht zum Wehrdienst eingezogen wurden. So entkamen viele westdeutsche Wehrpflichtige der Musterung und Einberufung zur Bundeswehr durch einen Umzug nach West-Berlin. Als in der DDR 1962 die Wehrpflicht eingeführt wurde, mussten auch Ost-Berliner zur Armee.

Übernahme von Gesetzen: Gesetze der Bundesrepublik und der DDR galten in den jeweiligen Stadthälften nicht automatisch. Um aber eine Rechtseinheit mit Westdeutschland zu gewährleisten, galt die Verabredung, dass das West-Berliner Abgeordnetenhaus ohne Aussprache allen Bundesgesetzen zustimmte, egal wie die politischen Mehrheiten waren. Bis 1976 musste auch der Ost-Berliner „Magistrat von Groß-Berlin" DDR-Gesetzen zustimmen, damit sie auch in Ost-Berlin Gültigkeit besaßen.

Wahlen: West-Berliner konnten nicht an der Wahl zum Deutschen Bundestag teilnehmen. Statt dessen wählte das West-Berliner Abgeordnetenhaus die

Am 10. 11. 1982 gab die West-Berliner Landespostdirektion drei Briefmarken heraus: Villa Borsig (50 Pf.), Kirche St. Peter und Paul (60 Pf.) und Villa v. d. Heydt (80 Pf.). Der Ersttagsstempel zeigt das Jagdschloß Grunewald. Auf der oberen Leiste ist jeweils „Deutsche Bundespost Berlin" zu lesen.

West-Berliner Vertreter. Die durften im Bundestags sitzen, auch reden, aber mit abstimmen durften sie nicht. Offziell hatten sie „beratende Funktion".

Bis zur Änderung des Wahlgesetzes der DDR 1979 bestimmte die Ost-Berliner Stadtverordnetenversammlung 66 Abgeordnete für die Volkskammer. Die Ost-Berliner konnten am 17. 6. 1981 die Abgeordneten der Volkskammer erstmals direkt wählen.

Briefmarken: Die in West-Berlin verkauften Briefmarken konnten die gleichen Motive wie die Marken in der Bundesrepublik haben, aber statt dem Aufdruck „Deutsche Bundespost" lautete der Aufdruck „Deutsche Bundespost Berlin".

Wie Türen und Fenster vermauert wurden –
Die Bernauer Straße

In den frühen Morgenstunden des 13. August 1961 wurden die Bewohner der Bernauer Straße aus dem Schlaf gerissen: Militärfahrzeuge der NVA rollten heran, Soldaten sprangen ab, Stacheldraht wurde ausgerollt und Straßenverbindungen zum West-Berliner Bezirk Wedding mit Preßlufthämmern aufgerissen. Die Nachbarbezirke in Ost-Berlin konnten von West-Berlinern nur noch über kontrollierte Übergänge erreicht werden: Wollankstraße, Bornholmer Straße, Brunnenstraße, Chausseestraße. Ost-Berliner bekamen anfangs noch in Einzelfällen eine Genehmigung zum Grenzübertritt, West-Berlinern wurde er einige Wochen später bis 1971 grundsätzlich verwehrt – von einigen wenigen Passierscheinregelungen zu Feiertagen zwischen 1963 und 1966 einmal abgesehen (s. S. 17). Da der Verkehr aus diesen Gründen immer geringer wurden, schloss man später die Übergänge Wollankstraße und Brunnenstraße – bis 1990 – endgültig.

Nach und nach wurden die Grenzsperren verstärkt und diese Maßnahmen von DDR-Militär (anders als noch beim „17. Juni" nicht von der Roten Armee!) abgesichert. So brachte die NVA am Montag, den 14. August sechzehn T-34 Panzer auf Schrebergartengelände an der Bornholmer Straße in Stellung. Am Abend des 15. August wurden Scheinwerfer montiert, die man teilweise auf Hausdächern anbrachte. So konnten die Sperren nun auch nachts überwacht werden.

Am folgenden Tag begann die Volkspolizei die Ausgänge der Häuser Bernauer Straße 47–49 zu verschließen und den Mietern die Schlüssel abzunehmen. Da die Häuser im Ostsektor standen, der Bürgersteig davor aber „Westen" war, konnte man hier die DDR verlassen, indem man aus der Haustür trat. Die Bewohner mussten nun den Weg über Hinterhöfe nehmen, wenn sie ihre Häuser verlassen wollten. Ähnlich war es an der Harzer Straße in Neukölln. Dort begann man am 17. August die Hauseingänge zu vermauern. Einige Tage später wurden sämtliche Haustüren in der Bernauer Straße von Betriebskampfgruppen mit Balken und Brettern provisorisch verbarrikadiert, später – ebenso wie die Kellerfenster – zugemauert.

Regine Hildebrandt († 2001), 1990 Ministerin für Arbeit und Soziales in der DDR und in gleicher Funktion bis 1999 im Land Brandenburg tätig, wurde am 26. April 1941 in der Bernauer Straße 14 geboren. Nachdem ihre Familie dort ausgebombt worden war, bezogen sie eine Wohnung im Haus Bernauer Straße 2, Parterre links. Die absurde Situation an der später entstandenen Sektorengrenze beschrieb Hildebrandt mit der ihr eigenen „Kodderschnauze": *Wenn wir aus'n Fenster gekiekt haben, war'n wir mit 'n Kopp im Westen.* Als sie – zufällig in Dresden – von den Absperrmaßnahmen erfuhr, reiste sie am 14. August nach Berlin zurück. Weil sie ihre Wohnung aber nur über West-Berliner Gebiet erreichen konnte, ließ man sie am Übergang Brunnenstraße nach Prüfung Ihrer Adresse im Ausweis passieren. Da aber die Türen und Fenster ihrer Parterrewohnung einige Tage darauf zugemauert wurden, bekam sie eine Ersatzwohnung im 1. Stock des Hauses Bernauer Straße 10 zugewiesen. Sie war frei geworden, weil sich der frühere Mieter aus dem Fenster abgeseilt hatte. Später musste Hildebrandt auch dieses Domizil räumen.

Als Bundeskanzler Adenauer am 22. August Berlin besuchte und dabei auch durch die Bernauer Straße fuhr, winkten ihm die Menschen aus den Fenstern in den vermauerten Häusern im Osten hilflos zu. In ihrer Verzweiflung hatten sie in den Tagen zuvor und danach versucht sich buchstäblich durch die Fenster aus der DDR „abzuseilen" – im wörtlichen Sinn. Dabei stürzten am 19. August Rudolf Urban und am 22. August Ida Siekmann zu Tode. Um auch diesen Fluchtweg zu versperren, begann die DDR mit überraschenden Zwangsräumungen der Grenzhäuser; in der Neuköllner Harzer Straße am 20. September, in der Bernauer Straße am Sonntag, den 24. September. Um 6.00 Uhr klingelten Betriebskampfgruppen die Mieter aus dem Bett und teilten ihnen mit, sie müssten die Wohnung augenblicklich räumen. Panisch begann die Menschen einige Habseligkeiten aus dem Fenster zu werfen und an zusammengeknüpften Bettlaken im letzten Moment zu fliehen. Um die Welt gingen die dramatischen Filmaufnahmen über die Flucht der 77jährigen Frieda Schulze, die schon draußen im ersten Obergeschoss auf dem Festersims des Hauses Bernauer Straße 34 stand, während unten die West-Berliner Feuerwehr ein Sprungtuch bereit hielt. Volkspolizisten versuchten die Frau wieder ins Zimmer zu ziehen. Da rutschte sie ab und hing hilflos an der Hauswand. Ein junger Mann aus West-Berlin sprang hoch und klammerte sich an die Füße der alten Frau. Nach einigem Gezerre ließen die Volkspolizisten los und beide fielen ins Sprungtuch.

Die Fenster der nun leeren Häuser wurden zunächst mit Stacheldraht „gesichert" und später zugemauert. Manchmal wehten sogar noch die Gardinen zum Westen raus. Durch das Zumauern von 50 Türen, 37 Läden und 1 253 Fenstern war eine rund zwanzig Meter hohe Mauer entstanden.

Nun begann die Flucht über die Dächer der Häuser. Auf der westlichen Seite der Bernauer Straße versammelten sich immer wieder viele Menschen, um die nächste Flucht nicht zu verpassen. Aber durch unbeherrschte Reaktionen (rufen, zeigen mit dem Finger usw.) verhinderten sie zahlreiche Fluchtversuche,

Zwangsräumung von Wohnungen an der Bernauer Straße am 24. 9. 1961
Foto: Horst Siegmann

Die zugemauerten Häuser in der Bernauer Straße

Hausreste an der Bernauer Straße am 16. 4. 1980. Foto: Ludwig Ehlers

da die Grenzwächter erst so aufmerksam wurden, wenn jemand auf dem Dach balancierte.

Diesen Weg nahm am Abend des 4. Oktober auch der 22jährige Bernd Lünser. Er war auf ein Hausdach in der Swinemünder Straße geklettert und ging über die Dächer Richtung Bernauer Straße, wo er sich an einer Wäscheleine auf den West-Berliner Bürgersteig abseilen wollte. Als zwei Grenzposten auf ihn aufmerksam wurden und ihn verfolgten, begann Lünser zu rennen und rief um Hilfe. Die West-Berliner Feuerwehr bezog mit einem Sprungtuch Stellung vor der Hausnummer 44. Zwischen Lünser und den Grenzern kam es zu einem Handgemenge, in dessen Verlauf Lünser und ein Grenzer zur Dachkante rutschten. Als Lünser sich von dem Grenzer lösen konnte, sprang er vom Dach, verfehlte aber das aufgespannte Sprungtuch um etwa vier Meter. Der Aufprall auf das Pflaster war tödlich. Lünser, wohnhaft in Berlin-Friedrichshain (Ost), studierte bis zum Bau der Mauer an der Staatlichen Ingenieurschule für Bauwesen in Berlin-Neukölln (West). Auch sein Vater wohnte in West-Berlin. Lünsers Grab befindet sich auf dem Friedhof Steglitz an der Bergstraße (Abt. 37, Nr. 88).

Um weitere Fluchtaktionen über die Dächer zu verhindern, begann man am 17. Oktober an der Berg-/Bernauer Straße mit dem Abriss der ersten Häuser. Bis 1966 wurden auch alle anderen geräumten Gebäude abgebrochen. Nur die Front des Erdgeschosses mit den zugemauerten Türen und Fenstern ließ man als „natürliche" Mauer stehen, verstärkt durch eine zweite Mauer direkt dahinter. Erst 1979/80 ersetzte man die Hausreste nach und nach durch Betonfertigteile.

Lediglich ein Gebäude, die 1894 erbaute Versöhnungskirche des Architekten Gotthilf Ludwig Möckel, blieb vorerst stehen. Freilich war eine Nutzung kaum möglich; ihr Haupteingang an der Bernauer Straße wurde am 20. August durch eine vier Meter hohe Mauer gesperrt. Am Sonntag, den 13. August ließ man aber noch Ost-Berliner durch Seiteneingänge zum Gottesdienst ein. Erst am 23. Oktober 1961 musste man das Gebäude schließen – für immer. Der Schwiegervater von Regine Hildebrandt war übrigens an dieser Kirche von 1950 bis 1961 Pfarrer.

Die Trümmer der Versöhnungskirche hinter der Mauer am 29. 1. 1985

Erst im Januar 1985 wurde das Gotteshaus gemäß einem „*Maßnahmeplan für die Erhöhung von Sicherheit, Ordnung und Sauberkeit an der Staatsgrenze zu West-Berlin*" gesprengt; am 22. Januar das Kirchenschiff, am 28. Januar der Turm, dessen Trümmer Gräber des dahinterliegenden Elisabeth-Kirchhofs beschädigten. Soviel zu „Sicherheit, Ordnung und Sauberkeit". Anstelle der alten Kirche errichtete man nach dem Fall der Mauer die Versöhnungskapelle, die am 9. November 2000 eröffnet wurde.

Schmerzlich für viele Angehörige war, dass in der Liesen- und Bernauer Straße die Sperranlagen quer über den Gräbern auf den dortigen Friedhöfen errichtet wurden. Durch den Bewuchs und die Grabmale waren diese Stellen

Nutzlose Sichtblenden an den Grenzanlagen der Bernauer Straße

etwas unübersichtlich. So gelang einem jungen Mann am 26. September noch die Flucht über einen Friedhof an der Bernauer Straße. Das Eingangstor war schon Tage zuvor zugeschweißt worden. Um auch hier keine Schlupflöcher mehr zu bieten, grub man auf dem Sophienfriedhof die Särge 1967 in einem breiten Streifen entlang der Grenzanlagen wieder aus, verlud sie in Leichenwagen und setzte sie anderswo bei. Die nun leeren Grabenstellen wurden eingeebnet und der Grenzstreifen darüber gezogen.

Verständlicherweise kochte die Empörung auf beiden Seiten der Mauer in den ersten Wochen nach ihrer Errichtung hoch. Die Polizei hatte in beiden Teilen der Stadt alle Hände voll zu tun, um die wütenden Menschen von unüberlegten Reaktionen mit unabsehbaren Folgen abzuhalten. So versammelten sich am 6. September über 100 Ost-Berliner an der Bernauer/Ruppiner Straße, um ihren Angehörigen in Berlin (West) zuzuwinken. Um das zu unterbinden ging die Ost-Berliner Volkspolizei mit Tränengas gegen ihre eigenen Bürger vor. Daraufhin versammelten sich auf der Westseite rund 200 West-Berliner, die gegen das rüde Vorgehen protestierten. Als sich die Situation zuspitzte, schossen die Grenzwachen nun auch Tränengas nach West-Berlin und die West-Polizei musste beruhigend auf die Menschen einwirken und sie zurückdrängen. Drei Tage später hielten an gleicher Stelle drei westdeutsche Reisebusse, deren Insassen die Sperranlagen besichtigen wollten. Daraufhin zündeten die Grenzposten

Tränengasgranaten und legten sie auf die Mauer, während die Schwaden nach Westen zogen und die Schaulustigen vertrieben.

Es blieb nicht immer bei Tränengas, es kam auch zu Handgreiflichkeiten. Als es am 28. August zu einer spontanen Demonstration auf der Weddinger Seite der Wollankstraße kam, löste sich ein junger Mann aus der Ansammlung und ging auf die Mauer zu. Er wurde von der Volkspolizei mit Gummiknüppeln zusammengeschlagen. Genauso erging es einer Frau, die am 4. September an der Bernauer/Strelitzer Straße direkt bis an die Mauer ging, um mit ihrer Tochter zu sprechen.

Ein Fernsehteam bedrohte man am Vormittag des 16. August mit Waffen, als sie die Grenze an der Boyenstraße um wenige Schritte übertreten hatten.

Um auch zukünftig an einsehbaren Stellen Sichtkontakte zu vermeiden, brachten Grenzsoldaten Mitte Oktober zehn Meter hohe Bretterwände an der Schwedter/Gleimstraße an.

Von westlicher Seite gab es immer wieder Versuche die Grenzanlagen zu beschädigen. So geht beispielsweise aus den Berichten der Staatssicherheit vom 26. September 1961 hervor, dass sogenannte „Stupos" in den Grenzhäusern Bernauer Straße 42 und 43 die Türscheiben einschlugen und Steine aus der Sicherungsmauer heraus brachen. Außerdem wurden verschiedentlich Steine und Brandflaschen gegen Grenzanlagen und Grenztruppen geworfen.

Der Weddinger Polizist Hans-Joachim Lazai sprengte sogar am 25./26. Mai 1962 an der Bernauer/Schwedter Straße ein Loch in die Mauer.

Der Mauerbau führte neben den menschlichen Tragödien zu zahlreichen Problemen. So lagen noch am 13. August 32 Kinder aus Ost-Berlin im Weddinger Kinderkrankenhaus in der Reinickendorfer Straße. Nach deren Genesung konnte das Rote Kreuz die Kinder wieder ihren Eltern im Osten zuführen, die nicht mehr nach West-Berlin durften. Umgekehrt durften West-Berliner nicht mehr zu ihren Kleingärten an der Bornholmer Straße. Die Pflanzen verdorrten und Kleintiere verhungerten und verdursteten. Am 30. August wurden die West-Berliner Pächter schließlich von der Volkspolizei aufgefordert, ihre Parzellen zu räumen.

Als die Grenzanlagen so perfekt waren, dass kaum noch eine Flucht gelang, gingen Privatleute von westlicher Seite dazu über, heimlich Fluchttunnels zu graben. Eine der ersten Tunnels wurde am S-Bahnhof Wollankstraße angelegt (s. S. 41).

Der Vorwurf, der West-Berliner Senat und Geheimdienste hätten die Fluchthelfer unterstützt, stimmt nur insofern, dass man die Tunnelbauer gewähren ließ, offiziell aber nichts von diesen Aktionen wusste. Es war also eine passive Unterstützung.

Diese passive Unterstützung – verbunden mit klammheimlicher Freude – wurde auch beim wohl bekanntesten Tunnel gewährt, den West-Berliner Studen-

An der Brunnen-/Bernauer Straße entdecken Grenzsoldaten am 25. 2. 1971 ein Tunnel, einen Tag vor der geplanten Flucht. Der Tunnel wird durch einen Bagger zerstört.

ten 1962 anlegten, um Freunde und Verwandte in den Westen zu holen. Von einer kriegsbeschädigten Fabrik in der Bernauer Straße 78 (West) grub man über Monate hinweg einen 120 Meter langen und sechs Meter tiefen Tunnel bis in den Keller des Hauses Schönholzer Straße 7 jenseits der Sperranlagen. Da für die Arbeiten erhebliche finanzielle Mittel notwendig waren, weihte man ein Kamerateam des amerikanischen TV-Senders NBC ein, der diese Geschichte praktisch „kaufte". Anfang Juli 1962 drohte der Tunnel „abzusaufen"; ein bis dahin unentdeckt gebliebener Rohrbruch setzte die Röhre unter Wasser. Vertrauensvoll wandten sich die Tunnelbauer an das Tiefbauamt Wedding, das zwar für die Reparatur des Schadens sorgte, aber auch gleichzeitig über das Bezirksamt den Senat informierte. Der benachrichtigte die amerikanische Schutzmacht und damit war der CIA im Bilde. Mitarbeiter des amerikanischen Geheimdienstes besichtigten den im Bau befindlichen Tunnel und deuteten an, die Studenten gewähren zu lassen. Damit war wohl die Hoffnung verbunden, den Tunnel nach geglückter Flucht für eigene Geheimdienstzwecke nutzen zu können. Noch heute hält der CIA unter Hinweis auf die Nationale Sicherheit Dokumente zu diesem Tunnel unter Verschluss.

Am 14. September 1962 war der Durchbruch geschafft. In aller Eile wurden die Fluchtwilligen über Kuriere informiert und mindestens 29 Personen gelangten durch die Tunnelröhre nach West-Berlin. Ob der CIA danach den Tunnel tatsächlich selbst nutzte, ist wie gesagt ungeklärt. Viel Zeit dürfte ihm aber nicht geblieben sein, denn bereits am 19. September berichteten die Hörfunksender RIAS und SFB über die Tunnelflucht, einen Tag später die westlichen Zeitungen. Allerdings wurde in keinem Fall die Lage des Tunnels erwähnt. Mitarbeiter der Staatssicherheit suchten tagelang die Grenze ab, bis sie am 25. September fündig wurden. Doch da war der Stollen bereits erneut mit Wasser voll gelaufen. Reste des Tunnels fand man noch im Jahre 2000 bei Grabungen.

Im Bereich der Bernauer Straße wurden mindestens 15 Tunnelprojekte begonnen, da der Boden hier aus Lehm und nicht aus lockerem Sand bestand. Zudem standen die notwendigen Gebäude hier „strategisch" besonders günstig. Aber von den vielen Projekten konnten nur drei „erfolgreich abgeschlossen" werden. Den Tunnel von der Bernauer Straße 79 zur Brunnenstraße 45 entdeckte man z. B. schon kurz nach seiner Fertigstellung am 18. Februar 1963, da er unplanmäßig im Hof und nicht im Keller endete.

Im April 1964 grub man einen weiteren 145 Meter langen Tunnel in 12 Metern Tiefe von einer stillgelegten Bäckerei in der Bernauer Straße 97 (West) zum Keller der Strelitzer Straße 55 (Ost). 38 Westberliner, unter ihnen der spätere Astronaut Reinhard Furrer (25. 11. 1940 – 9. 9. 1995), der 1985 sieben Tage im Weltraum war, hatten sich an dieser Aktion beteiligt. 57 Menschen gelang so am 3./4. Oktober 1964 die Flucht. Doch der Tunnel wurde verraten. Es kam zu einem Schusswechsel, in dessen Verlauf der Unteroffizier der NVA Egon Schultz am 5. Oktober 1964 um 0.15 Uhr im Hausflur der Strelitzer Straße 55 angeschossen wurde und zwanzig Minuten später an der Schussverletzung starb. Die DDR behauptete, er sei von den Tunnelbauern aus dem Westen „meuchlings" ermordet worden. Allerdings weist der Obduktionsbericht aus, dass Schultz von der Munition einer Kalaschnikow getroffen wurde, einer Waffe, die bei der NVA gebräulich war. Andererseits gab auch Furrer zu, geschossen zu haben. Ob er aber der Todesschütze war, ist unklar. Durch Magistratsbeschluß vom 15. Juli 1966 erhielt der zu Ost-Berlin gehörende Teil der Strelitzer Straße den Namen Egon-Schultz-Straße. Eine Gedenktafel am Haus Nr. 55 erinnerte an den tragischen Vorfall. Am 1. Dezember 1991 erfolgte die Rückbenennung, die Tafel war schon zuvor verschwunden.

Um weiteren Tunnelfluchten entgegen zu wirken, ließ die Staatssicherheit parallel zur Grenze an der Bernauer Straße im April/Mai 1965 einen „Gegentunnel" bauen. Er schnitt die alten Tunnel, die so besser kontrolliert werden konnten und die zusätzlich mit Abhörtechnik ausgestattet waren. Er ist später teilweise eingestürzt.

Noch zwei Mal, 1970 und 1971, sind Tunnel gegraben worden. Der Tunnel vom Keller der Bernauer Straße 80 zum Keller der Schönholzer Straße 20 wurde am 1. Mai 1970 verraten und am 20./21. Mai von den Grenzsoldaten geflutet. Auch der Tunnel von der Brunnenstraße 135 zur Bernauer Straße 84/ Brunnenstraße 142 entdeckten die Grenzwächter vermutlich mittels Echolot frühzeitig. Die geplante Flucht von 17 Personen am 26. Februar 1971 war damit geplatzt. DDR-Grenztruppen zerstörten den Tunnel durch Grabungsarbeiten mit einem Bagger (s. S. 79).

Die Bernauer Straße heute

Heute stehen nur noch einige Mauerstücke an der Bernauer Straße. Sie sind Teil der „Gedenkstätte Berliner Mauer", zu der auch eine Ausstellung über die Geschichte der Berliner Mauer gehört. Das 1998 installierte Kunstwerk von Kohlhoff und Kohlhoff an der Ecke zur Ackerstraße besteht aus zwei riesigen Stahlwänden, getrennt durch 60 m des ehemaligen Todesstreifens. Die Stahlwände sollen durch – allerdings kaum wahrnehmbare – Spiegelung die optische Fortsetzung der Berliner Mauer andeuten.

Der ehemalige Grenzstreifen ist überwiegend noch unbebaut. Aber in der Bernauer Straße 44 – 45/Wolliner Straße eröffnete 2010 das Hotel 4 Youth mit 198 Betten. In der Bernauer Straße 33 entstand 2010/11 ein siebengeschossiges Gebäude mit hochwertigen Wohnungen.

Auf die Versöhnungskapelle wurde bereits auf S. 76 hingewiesen.

Ein Mauerspaziergang

Vom Brandenburger Tor zum Checkpoint Charlie

Zu welch grotesken Zuständen es durch die Mauer kam, lässt sich gut bei einem Spaziergang durch die Innenstadt erfahren, auf der Spur der Mauer. Diese Route bietet sich zugleich zum Sightseeing an.

Auf dem Abschnitt zwischen Brandenburger Tor und Potsdamer Platz gab es vor der Berliner Mauer in der Geschichte schon einmal eine Mauer, die sogar etwa genau an der gleichen Stelle stand. Denn ab 1734 begann man mit einer Erweiterung Berlins. Diese Erweiterungen wurden von einer neuen Zoll- oder Akzisemauer begrenzt, an der Handelsreisende ihre Akzise (Zoll) zu entrichten hatten und die auch das Desertieren von Soldaten verhindern sollte. Gut 120 Jahre später begann der Abriss dieser Mauer. Aber die administrative Linie blieb und so entstand die Grenze zwischen den Stadtbezirken Mitte und Tiergarten. Als nach dem Zweiten Weltkrieg Mitte zum sowjetischen und Tiergarten zum britischen Sektor gehörte, war hier die Schnittstelle zwischen den Machtblöcken, zwischen Ost- und West-Berlin. Und daher verlief auf dieser Linie auch die Berliner Mauer, die aber „nur" 28 Jahre Bestand hatte. Auch durch sie kontrollierte man – wie bei der Akzisemauer – jeden, der hinein wollte, aber vor allen Dingen hinderte man Hunderttausende, die hinaus wollten.

Die alte Stadtmauer hatte natürlich auch Stadttore. Sie erhielten die Namen der Städte, in deren Richtung die Straße führte. An der in Richtung der Stadt Brandenburg an der Havel liegt das Brandenburger Tor. Ursprünglich war es wesentlich einfacher gehalten: es bestand nur aus zwei massigen Pfeilern mit Vasenbekrönung, rechts und links davon das Zoll- und Wachhaus. In dieser Form war es nach seiner Fertigstellung 1738 kaum der Erwähnung wert. König Friedrich Wilhelm II. (1744–1797) selbst soll den Vorschlag gemacht haben, ein neues Tor nach dem Vorbild der athenischen Propyläen der Akropolis zu bauen. Der Eingang zur Stadt mit dem Pariser Platz als Ehrenhof sollte repräsentativer gestaltet werden. Beauftragt wurde der renommierte Baumeister Carl Gotthard Langhans (1732–1808). Die Pläne waren bald fertig, und bereits im Juli 1788 war die Baugrube ausgehoben. 1789 traf die Lieferung von Sandsteinen aus Pirna, der Umgebung Dresdens und dem Magdeburgischen ein. 1790

waren bereits die Säulen aufge-
richtet. Das Tor entstand mit einer
Breite von 62,5 Metern. Es ist
elf Meter tief und 21,5 Meter hoch
(mit Quadriga ca. 26 Meter). Am
6. August 1791 fand die feierliche
Einweihung statt. Es ist als einzi-
ges von einst 18 Stadttoren erhalten. Die Quadriga, die Figurengruppe auf dem Tor, wurde nach
Entwürfen von Johann Gottfried
Schadow (1764–1850) geschaffen.
Eine Potsdamer Werkstatt stellte
zunächst ein Holzmodell her, auf
dem die Figurengruppe in Kup-
fer getrieben wurde. In einem
vierspännigen antiken Wagen steht
die Siegesgöttin. Sie hält einen
Stab in der Hand, an dessen oberen Ende sich ein Siegeskranz befindet. Die Skulptur wurde 1794
auf das Tor gesetzt und bis 1795
noch in Details verändert. Doch
stand die Figurengruppe dort nicht
lange. Als Napoleon 1806 sieg-
reich nach Berlin einzog, gedachte
er, sie als Siegestrophäe mitgehen
zu lassen. Sie wurde in transpor-

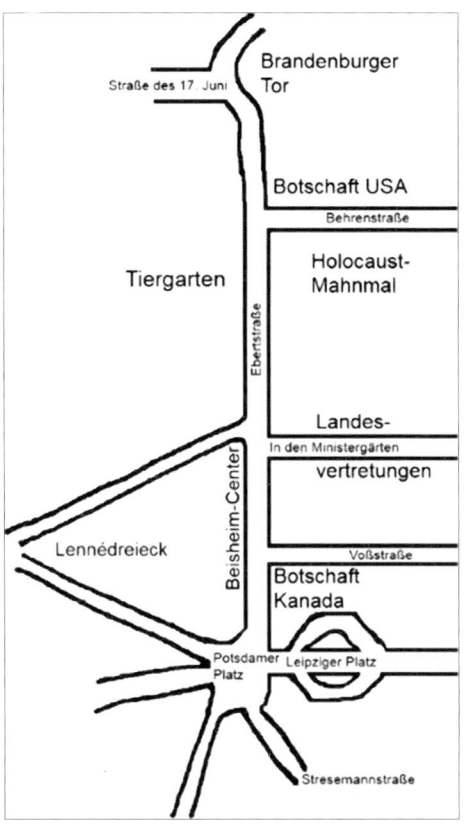

Vom Brandenburger Tor zum Potsdamer Platz

table Teile zerlegt und nach Paris geschafft. Aber noch bevor dort über den end-
gültigen Ort der Aufstellung entschieden war, holten sich die Preußen ihre Quadriga 1814 zurück. Mit der neuerlichen Aufstellung auf dem Tor wurde in den
Siegeskranz ein von Schinkel entworfenes Eisernes Kreuz eingefügt. Fortan galt
das Brandenburger Tor – vor allen Dingen den Preußen – als Nationaldenkmal.
Nach jedem Krieg zogen die siegreichen Truppen durch das Tor nach Berlin ein;
zum letzten Mal übrigens 1940 nach dem Frankreichfeldzug.

In den letzten Tagen des Zweiten Weltkrieges wurde das Tor erheblich beschädigt, die Quadriga so zugerichtet, dass eine Neufertigung nötig war. In wei-
ser Voraussicht hatte 1943 die zuständige Behörde einen Gipsabguss genommen. Das Problem: Diese Formen lagerten im Westen (Dahlem), das Tor stand
im Osten. Beide Seiten einigten sich nach langem Hin und Her. Die Skulptur
wurde in West-Berlin neu geschaffen, die DDR sanierte das Tor und stellte die

Quadriga wieder auf. Sie tat dies 1958 vereinbarungsgemäß, aber nicht ohne vorher zwei Veränderungen vorgenommen zu haben: Das (übrigens völlig neu geschaffene) Eiserne Kreuz wurde aus dem Siegerkranz wieder heraus gesägt, denn das war nach Ansicht der SED ein Zeichen des Militarismus. Auch der preußische Adler wurde entfernt, der angeblich für den Imperialismus stand. So hielt die Siegesgöttin über 40 Jahre hinweg nur den Siegeskranz hoch.

Nach dem Mauerbau lag der gesamte Pariser Platz mitsamt dem Tor im Grenzgebiet, denn die Mauer machte, – vom Osten aus gesehen – hinter dem Brandenburger Tor einen Bogen. Sie war hier zwar etwas niedriger – für Touristen von der Ostseite her fiel sie nicht so ins Auge. Aber sie war hier auch breiter als an anderen Stellen: Betonplatten übereinander gestapelt, etwa drei Meter hoch, später mit Steinplatten verkleidet. Das war auch der Grund dafür, dass beim Mauerfall 1989 Menschen auf der Mauer stehen konnten. Das war durch die oben abschließende Betonröhre an anderen Stellen nicht möglich.

Den Pariser Platz durften nur ausgewählte politische Delegationen aus „sozialistischen Bruderländern" betreten. Sie wurden von östlicher Seite hierher geführt, um ihnen die „friedenssichernde Funktion des antifaschistischen Schutzwalls" zu erläutern. In einem der Torhäuser war auch ein kleines Museum eingerichtet, in dem die Corpi delecti zu besichtigen waren, mit denen von westlicher Seite die Grenztruppen beworfen worden sind: Steine, Flaschen oder pornographische Schriften, mit denen der „Klassenfeind versuchte, die Moral der Grenztruppen zu untergraben".

Der Zweite Weltkrieg hatte vom Pariser Platz lediglich das Tor und die Reste der Akademie der Künste übrig gelassen (heute im Neubau integriert).

Direkt südlich des Tores ließ die Rheinische Hypothekenbank nach Plänen von Josef Paul Kleihues († 2004) das „Haus Sommer" nach historischem Vorbild 1996–98 neu errichten. Daran schließt sich der 2008 fertiggestellte Neubau der US-Botschaft an. Es war die letzte Baulücke am neuen Pariser Platz. Dieses Grundstück mit dem Palais Blücher erwarben die USA 1931, um dort die Botschaft einzurichten. Ein Großfeuer hatte kurz zuvor das Innere vernichtet; die Beseitigung der Schäden zog sich bis 1939 hin. Als das Deutsche Reich den Vereinigten Staaten am 11.12.1941 den Krieg erklärte, wurde die Botschaft geschlossen und das Gebäude von der neutralen Schweiz verwaltet. Die USA blieben weiterhin im Besitz des Grundstückes, auch als die Kriegsruine 1957 abgerissen wurde. Nach dem Mauerbau lag somit ein exterritoriales Grundstück der USA mitten im Grenzgebiet. Sicher hat man das den US-Präsidenten Kennedy (1963) und Reagan (1987; „Mister Gorbatschow, open this gate, tear down this wall!") bei ihren Besuchen am Brandenburger Tor auch erzählt.

Der damalige Hörfunkreporter des RIAS, Erich Nieswandt († 2008), berichtete am Morgen des 13. August 1961:

Seit etwa ein Uhr heute Nacht rattern die Pressluftbohrer und bohren einen Graben quer durch die Ebertstraße am Brandenburger Tor. Der Graben ist etwa einen halben Meter tief und einen halben Meter breit. Es sind Volkspolizisten in ihrer Arbeitskleidung, es ist eingesetzt die Feuerwehr, es sind eingesetzt die Beamten für Zoll- und Warenkontrolle. Und auf der anderen Seite des Brandenburger Tors stehen etwa 30 Lkws, die hier die Mannschaften herangebracht haben. Es sind schätzungsweise etwa 50 Uniformierte, die das Brandenburger Tor bewachen. Wenn ich einen Blick in die Ebertstraße hinunterwerfe, ich darf den Bürgersteig nicht betreten, denn er gehört schon zum Osten, dann sehe ich wie etwa 200, 250 Meter vom Brandenburger Tor entfernt gleichfalls eine Schneise durch die Straße gebohrt wird. Die Polizisten von drüben in ihrer Arbeitskleidung, die Ost-Polizisten, die Ost-Feuerwehr – sie blicken hier rüber, ja, sie lächeln sogar dabei, wie sie den Pressluftbohrer in die Erde bohren. Ja, und einer schaute mich an und in seinem Gesicht war zu lesen – ja, höre nur das Geräusch. Ich mache es extra für dich, damit du es auch auf dein Tonband bekommst.

Jahre später stand vor dem Brandenburger Tor auf der West-Seite kurz vor der Mauer ein Schild: „Achtung / Sie verlassen jetzt West-Berlin." Irgendwann schrieb jemand daneben: „Wie denn?"

Das Brandenburger Tor von West-Berlin aus; Foto: Ludwig Ehlers

Wir folgen nun der Ebertstraße Richtung Potsdamer Platz, der durch seine markanten Hochhäuser schon von Weitem ein Blickfang ist. Die Straße gehört in ihrer gesamten Breite zum Bezirk Mitte (also ehemals Ost-Berlin). Die Mauer verlief am westlichen Fahrbahnrand, heute durch eine Doppelreihe von Pflastersteinen kenntlich gemacht.

Daher steht das **Denkmal für die ermordeten Juden Europas**, die unter den Nationalsozialisten umkamen, mitten im ehemaligen Grenzgebiet. Es wird auch kurz **Holocaust-Mahnmal** genannt und wurde zwischen 2003 und 2005 nach Plänen von Peter Eisenman auf einer etwa 19.000 m² großen Fläche aufgebaut.

Auf der gewellten Grundfläche stellte man 2.711 unterschiedlich hohe Betonquader (Stelen) in parallelen Reihen auf, die innen hohl sind.

Ein unterirdisches, 930 m² großes Museum (Ort der Information) ergänzt den Komplex. Es enthält unter anderem eine Liste der Namen aller bekannten jüdischen Holocaustopfer. Es besteht aus Ausstellungs-, Vortragsräumen und einem Buchladen. Die Kosten in Höhe von 27,6 Mio. Euro wurden aus Mitteln des Bundeshaushalts bestritten. Das Grundstück mit einem Wert von ca. 40 Mio. Euro stellte der Bund kostenlos zur Verfügung.

Die Stelen sollen an Grabsteine erinnern, weil die jüdischen Opfer kein eigenes Grab haben.

Die graue Farbe der Stelen soll an die Asche der verbrannten Juden erinnern, die meistens in Gewässer oder auf Felder gestreut wurde.

Es gibt aber auch Kritik: die Formensprache des Mahnmals sei beliebig, sie erwecke offensichtliche keine Beziehung zum Holocaust. Man verstünde das Werk nur durch etwas weit hergeholte Erklärungen.

Der Standort hat zwar mit der Judenverfolgumg gar nichts zu tun. Aber die Positionierung im ehemaligen Todesstreifen stellt ein Bezug auch zu den Folgen des Nationalsozialismus her, die an dieser Stelle letztlich im Bau der Mauer mündete.

Südlich davon liegt die Straße „In den Ministergärten", die am 4. 10. 2000 dem Verkehr übergeben wurde. Der Name erklärt sich daraus, dass in der östlich gelegenen Wilhelmstraße im 18. Jahrhundert Adelspalais errichtet wurden, die ihre nicht öffentlichen Gärten nach hinten zum Tiergarten hatten. Als diese Palais später von Ministerien genutzt wurden, entstand im Volksmund der Begriff „**Ministergärten**". Diese Gärten waren bis auf ein paar vereinzelte Garagen oder Remisen nicht bebaut. Das änderte sich erst mit Hitlers neue Reichskanzlei entlang der Voßstraße.

Die Reste der Gärten, die der Zweite Weltkrieg übrig ließ, verschwand durch die Planierung für den breiten Grenzstreifen. Erst in den 1980er Jahren begann der Wohnungsbau auf der westlichen Seite der Wilhelmstraße – mit rückwärtigem Ausblick auf die Grenzanlagen.

Der spätere Bauplatz für die Landesvertretungen im Grenzstreifen. Die Mauer ist bereits abgebaut (27. 8. 1990); Blickrichtung Leipziger Platz.

Die neue Straße verläuft durch die ehemaligen Gartenanlagen des Auswärtigen Amtes, flankiert von sieben **Landesvertretungen** in fünf neuen Gebäuden.

Vorn links steht die Vertretung von **Niedersachsen** und **Schleswig-Holstein**.

Die Architekten Cornelsen + Seelinger und Seelinger + Vogels aus Amsterdam und Darmstadt errichteten ein Doppelhaus, dessen Grundstein am 30. 6. 1999 gelegt wurde. Die beiden sechsgeschossigen Baukörper nehmen jeweils eine Landesvertretung auf.

Dabei verbindet eine eindrucksvolle Halle beide Landesvertretungen, die am 28. 6. 2001 eröffnet wurde.

Heinle, Wischer und Partner aus Stuttgart errichteten 1999/2000 die Vertretung von **Rheinland-Pfalz**, die links in der Mitte steht. Der transparent gestaltete Haupteingang führt den Besucher in ein lichtdurchflutetes, großzügiges Foyer, das den Durchblick in den Garten freigibt. Es war die erste Vertretung, die ab November 1998 in den Ministergärten errichtet und am 18. 12. 2000 eröffnet wurde.

Die Landesvertretung des **Saarland**es nach Plänen des Saarbrücker Büro Peter Alt und Thomas Britz wirkt größer als sie ist, da nach hinten durch Balken angedeutete „Luftgeschosse" angefügt sind. Die Eröffnung des 1.836 m² großen Hauses fand am 25. 1. 2001 statt.

In dem schwarz verschieferten Gebäude des Hamburger Architektenbüro von Gerkan, Marg und Partner gegenüber befinden sich die Landesvertetungen

Das Lenné-Dreieck am 23. 2. 1988. Im Hintergrund die Mauer und der Fernsehturm am Alexanderplatz. Foto: Ludwig Ehlers

von **Brandenburg** und **Mecklenburg-Vorpommern**. Der Grundstein wurde am 21. 2. 2000 gelegt, die Eröffnung fand im Oktober 2001 statt. Eine mehrgeschossige, glasüberdachte Halle verbindet beide Vertretungen, um die sich spiegelbildlich zwei Gebäudewinkel legen. Im Erdgeschoss liegen die Veranstaltungsräume, darüber die Büros für die Mitarbeiter. Beide Länder nutzen den großen Konferenzsaal und die Tiefgarage gemeinsam.

Die Frankfurter Architekten Michael Christl und Joachim Bruchhäuser entwarfen die Vertretung von **Hessen**, erkennbar an dem weit auskragenden fünften Geschoss. Die Eröffnung fand am 31. 5. 2001 statt.

Auf einem Hügel im Garten an der Ebertstraße sind etwa 2007 knapp hundert Weinstöcke angepflanzt worden.

Gegenüber, auf der anderen Straßenseite, mündet die Lennéstraße in die Ebertstraße. Mit der etwas weiter südlich verlaufenden Bellevuestraße entstand ein Dreieck, das sogenannte **Lenné-Dreieck** (s. Kartenskizze S. 83). Es ist etwa vier Hektar groß und gehörte zum Ost-Berliner Stadtbezirk Mitte. Durch die geradlinige Grenzziehung der Berliner Mauer 1961 lag das Gelände aber jenseits der Sperranlagen auf West-Berliner Seite. Da es infolgedessen von keiner der beiden Seiten genutzt werden konnte, verwilderte es im Lauf der Jahre und war mit Buschwerk überwachsen.

Um diese „Nase" zu beseitigen und auch andere Exklaven auszutauschen (s. S. 50), wurde am 31. März 1988 eine Vereinbarung zwischen den Besuchsbeauftragten des Senats und der DDR, Kunze und Müller, über den Gebietsaus-tausch von insgesamt 18 betroffenen Flächen unterzeichnet. Als Wertausgleich erhielt die DDR rund 38 Mio. Euro. Als der Senat über dieses hinzugewonnene Lenné-Dreieck eine Hauptverkehrsstraße plante, protestierten Grüne, Umwelt-schützer, Ökologen, Linke und Autonome, weil sich dort in den Jahrzehnten der Brache seltene Tiere und Pflanzen angesiedelt hätten. So wurde das Gelände besetzt, noch bevor der Gebietsaustausch rechtswirksam wurde, Zelte aufgestellt und Hütten errichtet. Die Besetzer legten Gärten an und hielten Ziegen und Hühner. Die Zahl der Symphatisanten auf dem Areal wuchs ständig, weil es ja eine Art rechtsfreier Raum geworden war. Die DDR wollte nichts unterneh-men, da sie das Problem in absehbarer Zeit los wurde. Die Polizei in West-Berlin konnte (noch) nichts unternehmen. Nachdem am 1. Juli 1988 der vereinbarte Gebietsaustausch rechtswirksam geworden war, kam es in den frühen Morgen-stunden dieses Tages zum Einsatz von drei bis vier Hundertschaften der Polizei. Die gewaltsame Räumung erfolgte unter Einsatz von Tränengas, das durch die Windrichtung auf DDR-Gebiet wehte, so dass die Grenzer Gasmasken aufset-zen mussten. Während es zu vielen Verhaftungen durch die West-Polizei kam, gelang es 182 Beteiligten, mit Leitern über die Mauer in den Ostteil zu klettern. Zuvor hatten Vertreter der Demonstranten Kontakt zu offiziellen Stellen in der DDR aufgenommen und die Aktion angekündigt. Die DDR-Grenztruppen waren vorbereitet. So landeten die Besetzer nach Übersteigen der Mauer gleich auf den Ladeflächen von Armee-Lastwagen, die sie vor der Polizei des „Klassenfein-des" in „Sicherheit" brachten. Von der Staatssicherheit wurden sie höflich nach dem Grund für diese Aktion befragt und dann zum nächsten Grenzübergang geleitet, verbunden mit der Bitte, das nächste Mal doch einen regulären Über-gang zu benutzen. Das war wohl die einzige „Massenflucht" von West nach Ost. 16 Monate später fiel die Mauer.

Auf diesem Areal entstand an der Ebert-/Bellevuestraße 1931 das Columbus-haus, das nach Kriegsbeschädigungen und einem Feuer am 17. Juni 1953 durch Brandstiftung 1957 abgerissen wurde. Das Büro Hans Kollhoff entwarf die Pläne für ein Wohn- und Bürogebäude der **Delbrück-Bank**, das 1999–2003 an etwa gleicher Stelle erbaut wurde.

Auf dem Rest des Areals entstand 2002–2004 mit dem **Beisheim-Center** ein Gebäudeensemble, das aus dem The Ritz-Carlton-Hotel, dem Hotel Berlin Marriott, Bürogebäuden und Appartements besteht. Die Vorderfront der Ge-bäude an der Ebertstraße ist fast identisch mit dem Verlauf der Mauer.

Gegenüber, im ehemaligen Grenzgebiet, entstand an der Ebertstraße 15a ein ungewöhnlicher Neubau. Im April 2008 erfolgte die Grundsteinlegung für ein Science Center Medizintechnik der Otto Bock HealthCare GmbH, Anfang 2009 war Eröffnung. Diese Gesellschaft gründete der Berliner Unternehmer Otto Bock am 13. Januar 1919 als Orthopädische Industrie GmbH, um die vielen

Kriegsversehrten des Ersten Weltkriegs mit Prothesen und orthopädischen Produkten zu versorgen. Das Unternehmen (heute in Duderstadt) ist Weltmarktführer in der Prothetik. Im oberen Teil des fünfgeschossigen Gebäudes befindet sich eine Wohnung, darunter sind Büros und Seminarräume angeordnet. Der Entwurf stammt vom Büro Gnädinger.

Gleich daneben, Ebertstraße 15, an der Ecke zur Voßstraße entstand im Auftrag der Viterra Development 2006/07 eine Bürovilla nach Plänen der Architekten gmp & Baumann. Früher befand sich hier die Sächsische Gesandtschaft (damals Königgrätzer Straße 133).

Nach Überquerung der Voßstraße erreicht man die **Botschaft von Kanada** (Leipziger Platz 17/Ebertstraße 14), die auf einem annähernd fünfeckigen Grundstück im früheren Grenzgebiet steht. Die Mauer verlief nur wenige Meter westlich vom Gebäude. Der zehngeschossige Neubau wurde von einem privaten Investor, der Kanada Haus KG errichtet. Grundsteinlegung war am 18. 2. 2002. Der Standort und der Grundstückszuschnitt orientieren sich an der historischen Achteckform des Platzes. Die Planungen lagen in den Händen der vier kanadischen Architekturbüros KPMB, GLC, Smith Carter und Vogel. Sie entwarfen u. a. eine Fußgängerpassage zwischen Leipziger Platz und Ebertstraße, die quer durch das Botschaftsgelände führt. Im Erdgeschoss liegen die Ausstellungshalle, ein Auditorium, sowie Läden und ein Cafe. Das öffentlich zugängliche Informationszentrum mit High-Tech-Ausstattung ist der sog. Marshall McLuhan Salon, benannt nach dem kanadischen Literatur-, Medienwissenschaftler und Philosophen. Hier stehen Kopfhörer mit verschiedenen Programmen, Bildschirm mit touch-screen zu verschiedenen Themen und Computer zur Verfügung. Die Eingangsfront am Leipziger Platz besteht aus poliertem Kalkstein. Die „Timber-Hall" für Empfänge und Veranstaltungen geht über mehrere Stockwerke und zeigt sich in kanadischer Holzrahmenbauweise: getäfelt mit Douglastanne aus British Columbia, die Böden aus Quebecer Ahorn, die Treppenstufen aus Kalkstein von Ontario. Die Timber-Hall verjüngt sich nach oben zu einer transparenten Öffnung und wirkt so fast sakral. Darüber hinaus gibt es noch einen Kino- und Vortragssaal und den Kanada-Saal. Die Öffentlichkeit kommt leider nicht in den Genuss den Panorama-Blick zum Leipziger Platz und zum Tiergarten vom Dining-Room im zehnten Stock zu genießen.

Von außen wirkt die Architektur bewusst zurückhaltend bis unaufdringlich. Allerdings wird nur etwa die Hälfte des Gebäudes genutzt, die andere Hälfte ist vermietet worden. Die Kosten betrugen rund 20 Mio. Euro. Den zugänglichen Innenhof schmücken eine bronzene Kanu-Skulptur und ein stilisierter herbstlicher Blätterwald an der Wand, der an die kanadische Wildnis erinnert. Am 29. 4. 2005 ist die Botschaft eröffnet worden.

Auf dem Areal befanden sich früher Dienststellen des Reichsmarineamtes.

Auf dem anschließenden Grundstück (Ebertstraße 13/Leipziger Platz 18–19) plant das Deutsche Reisebüro ein Büro-, Wohn- und Geschäftshaus nach Plänen von Rave & Partner.

Jahrelang stand hier nur ein Gerüst, an das man Planen hängte, auf denen die Außenansicht des Gebäudes täuschend echt zu sehen war. Hier stand einst das Palasthotel (Königgrätzer Straße 130–131). An der gegenüberliegenden Ecke des Leipziger Platzes (Nr. 1) stand seit 1907 das Hotel Fürstenhof. Der Neubau eines Wohn- und Bürogebäudes nach Plänen von Müller & Reimann entstand 2005.

Auf dem Potsdamer Platz und dem anschließenden Leipziger Platz hat man den Verlauf der beiden ost- und westwärts gelegenen Mauern durch eine Markierung aus Stein bzw. eine doppelte Reihe Kopfsteinpflaster erkennbar gemacht.

Die Mauersegmente auf dem Potsdamer Platz und Leipziger Platz wurden nachträglich wieder aufgestellt. Die Mauer zu West-Berlin verlief quer über die Potsdamer Straße, dann am 1924 errichteten Verkehrsturm vorbei. (Da der Turm 1936 wieder abgebaut wurde, steht an fast gleicher Stelle seit 1997 eine Nachbildung, die somit länger steht als das Original).

Die Mauer kreuzte dann den südlichen Bahnhofszugang, um in die Stresemannstraße einzubiegen. Hier befand sich früher das Drei-Sektoren-Eck, wo sowjetischer, britischer und amerikanischer Sektor aufeinander trafen.

Wer gegenüber in die Erna-Berger-Straße einbiegt, kann dort noch einen Wachturm sehen. Er gehört zum Typ „Rundblickbeobachtungsturm", der ab 1969 bei der Grenzsicherung Verwendung fand. Er besteht aus einem schlanken

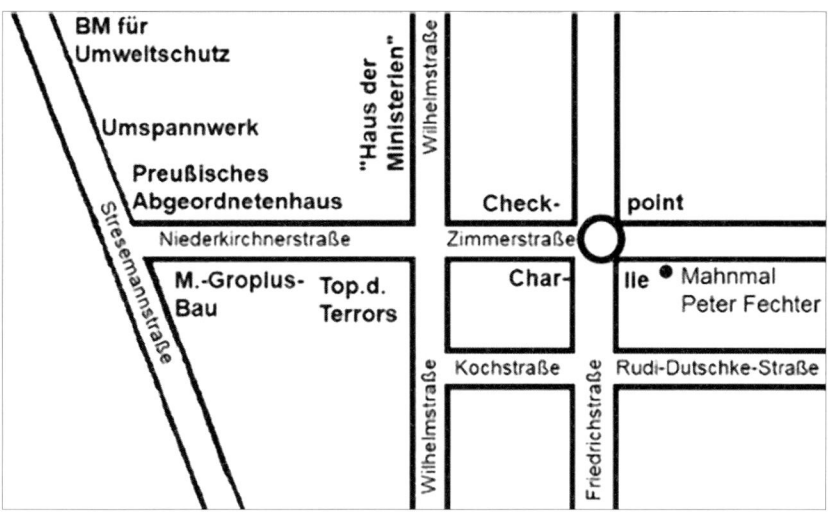

Von der Stresemannstraße zum Checkpoint Charlie

Das ehemalige Landwirtschaftsministerium hinter der Mauer am 20. 2. 1990 vom Pots-damer Platz aus gesehen.

runden Schaft, in dessen Inneren eine eiserne Leiter in die achteckige Beobach-tungskanzel führt. Später wurden diese Türme von den standsicheren und ge-räumigeren quadratischen Beobachtungstürmen abgelöst.

Der hier stehende Wachturm, den man 2001 unter Denkmalschutz stellte, befand sich außerhalb des Todesstreifens und diente der Vorfeldsicherung der Grenze. Von ihm aus wurde das verwinkelte und unübersichtliche Gelände über-wacht. Er steht jedoch nicht mehr originaler Stelle: Im Zuge der Neubebauung des Geländes in der Nachwendezeit musste der Turm um rund acht Meter nach Osten versetzt werden.

Die letzten originalen Mauersegmente in der Stresemannstraße (seit 2001 unter Denkmalschutz) wurden 2008 abgebaut. Sie standen dem Neubau des Bundesministeriums für Umwelt, Naturschutz und Reaktorsicherheit an der Ecke Stresemannstraße/Erna-Berger-Straße im Wege. Sie wurden aber 2011 wieder im Foyer des Ministeriums aufgestellt und sind so vor Witterung und Vandalis-mus geschützt.

Der anschließende Altbau, das ehemalige Landwirtschaftsministerium, ist nun auch Teil des Umweltministeriums. Das Erdgeschoss war zu Zeiten der Grenze zugemauert, alle Fenster Richtung Westen vergittert.

Rechts (Stresemannstraße 122) schließt sich ein Umspannwerk für die Stromversorgung der Bauten am Potsdamer Platz an. Es entstand 1995/96 nach

Plänen von Hilmer & Sattler mit Albrecht. Hier befand sich einst die General-Militärkasse.

An der Ecke Stresemannstraße/Niederkirchner Straße bog die Mauer in die Niederkirchner Straße ein. Die gesamte Straßenbreite einschließlich beider Bürgersteige gehörte zu Ost-Berlin. Es hätte ja auch keinen Sinn gemacht, die Bezirksgrenze 1920 zwischen Mitte (seit 1945 sowjetischer Sektor) und Kreuzberg (seit 1945 US-Sektor) auf die Straßenmitte zu legen. Im Hinblick z. B. auf mögliche Straßenbauarbeiten wäre das sehr kompliziert geworden. Das hier einmal die Trennlinie zwischen zwei gesellschaftpolitischen Systemen verlaufen würde, an der auch scharf geschossen werden konnte, hat sich niemand vorstellen können.

Die Mauer stand aber hier einige Meter zurück gesetzt. Der Bürgersteig, der Bordstein und der davor liegende Gully blieben frei. Erst dann stand dort die Mauer. Hätte man die Mauer auf die Gullys gebaut, hätten die Grenzanlagen nach jedem Wolkenbruch unter Wasser gestanden und wären möglicherweise unterspült worden. Das sollte natürlich vermieden werden.

Auf dem Parkplatz auf rechten Seite stand ursprünglich das 1881–85 er-richtete Museum für Völkerkunde mit der abgerundeten Ecke. Das durch Bomben stark beschädigte Gebäude wurde später abgerissen.

An die Mauer als eine die ganze Stadt zerschneidende Grenze kann man nur erinnern, wenn deren Verlauf erkennbar bleibt. Das Tiefbauamt Kreuzberg brachte 1990 die Idee der doppelreihigen Großpflastersteinreihe auf. Inzwischen hat man im öffentlichen Straßenland auf mehr als 5 km den Verlauf der vorderen Grenzmauer mit einer Doppelpflasterstein-Reihe und eingelegten Gusseisentafeln gekennzeichnet.

Der **Martin-Gropius-Bau** in der Niederkirchnerstraße 7 wurde 1877–1881 als Kunstgewerbemuseum errichtet. Obwohl auch Heino Schmieden an den Planungen für das Gebäude beteiligt war, wird nur Martin Gropius durch die spätere Namensgebung geehrt.

Nach dem Ersten Weltkrieg war in dem Gebäude das Museum für Vor- und Frühgeschichte, sowie die Ostasiatische Kunstsammlung untergebracht. Im Zweiten Weltkrieg wurde der Bau durch Bomben schwer beschädigt. Der Wiederaufbau begann 1978.

Zentraler Bestandteil des Gebäudes ist ein großer Lichthof, die Zwischenräume der Fenster sind mit Mosaiken und den Wappen deutscher Länder geschmückt.

Heute beherbergt das Haus große temporäre Ausstellungen.

Die Mauer verlief direkt vor dem Gebäude, das auf West-Berliner Seite im Bezirk Kreuzberg steht. Als das Haus 1981 mit einer Schinkel-Ausstellung eröffnet wurde, verlegte man den Haupteingang daher auf die Rückseite – von der Mauer weg. Im Rahmen einer 1998–2000 durchgeführten Renovierung machte man diese Maßnahme wieder rückgängig.

Der Mauerstreifen am 20. 2. 1990 von einem Wachturm aus gesehen. Rechts liegt West-Berlin mit dem Martin-Gropius-Bau.
Links in Ost-Berlin das „Haus der Ministerien" (heute Bundesfinanzministerium).
Im Hintergrund das Verlagshaus von Axel Springer.

Gegenüber dem Martin-Gropius-Bau steht das **Preußische Abgeordnetenhaus**, das zwischen 1892 und 1898 nach Plänen des Architekten Friedrich Schulze im italienischen Neorenaissance-Stil entstand. Das Haus ist Teil eines Gebäudekomplexes, der sich zwischen Leipziger Straße und Niederkirchnerstraße erstreckt. Zur Leipziger Straße hin entwarf derselbe Architekt das preußische Herrenhaus (1901–1904). Seit dem 28. 9. 2000 ist dieses Gebäude Sitz des Bundesrates, der Länderkammer.

Das Preußische Abgeordnetenhaus (1918–1933 Preußischer Landtag) an der Niederkirchner Straße wird seit dem 29. 4. 1993 vom **Berliner Abgeordnetenhaus** genutzt, ein Stadt- und Länderparlament.

Der Ost-Berliner Magistrat beschloss schließlich am 2. Oktober 1990, die Grenzmauerabschnitte an der Bernauer Straße, der Niederkirchnerstraße und am Invalidenfriedhof unter Denkmalschutz zu stellen. Diese **Mauersegmente** (200 Meter) an der Südseite der Niederkirchnerstraße am originalen Standort zeigen deutlich Spuren der „Mauerspechte", die in den Tagen nach der Grenzöffnung die Oberfläche abpickten und zu Souvenirs verarbeiteten. Hier handelt es sich um die so genannte vierte Generation der Berliner Mauer, die ab Mitte der siebziger Jahre ihren Vorläufer ersetzte. Die „Grenzmauer 75" bestand aus

Das Preußische Abgeordnetenhaus um 1900, Fotograf unbekannt

L-förmige Stützwandelementen, die in der Landwirtschaft beim Bau offener Silos Verwendung fanden. 3,60 Meter hoch, 1,20 Meter breit und ein glattes Asbestbetonrohr von 0,40 Metern Durchmesser schloss die Mauer nach oben ab. Sie war mit Fahrzeugen praktisch nicht zu durchbrechen.

Vor der Berliner Mauer, im ehemaligen Westteil der Stadt gelegen, befinden sich die Reste von Kellermauern des früheren Prinz-Albrecht-Palais. Es war im Dritten Reich das Hauptquartier der Geheimen Staatspolizei mit dem berüchtigten Gefängnis und dem neugegründete Reichssicherheitsamt. Das benachbarte Hotel Prinz Albrecht war Sitz der Reichsführung SS. Nachdem die Ruinen abgeräumt wurden, war auf dem planierten Gelände zunächst ein „Autodrom". Hier konnte man in Schrottautos ohne Führerschein auf einem Parcour herum kurven. Aber 1987 legte man dann die Keller der Gestapo-Zentrale frei. Es war der Anfang der Ausstellung „**Topographie des Terrors**", die die Terroraktionen des NS-Regimes in Europa dokumentiert. Im Mai 2010 kam der Neubau eines Dokumentationszentrums hinzu.

Auf der gegenüberliegenden Straßenseite liegt das von Hans Sagebiel 1935/36 errichtete **Reichsluftfahrtministerium**. Die DDR wurde hier 1949 offiziell gegründet und deren Regierung nutzte das im Krieg weitgehend unzerstört geblie-

Die Mauer quer über die Wilhelmstraße, dahinter das „Haus der Ministerien", um 1975

bene Gebäude als **Haus der Ministerien,** wovon noch heute ein Wandfries aus Meißner Porzellan von Max Lingner Zeugnis ablegt. In diesem Haus erklärte der Staatsratsvorsitzende Walter Ulbricht noch im Juni 1961, zwei Monate vor dem Bau der Mauer: „Niemand hat die Absicht, eine Mauer zu errichten." 1965 flüchtete die Familie eines Mitarbeiters vom Dach mit einem Drahtseil nach West-Berlin. Seit 1999 befindet sich in dem Gebäude das **Bundesministerium der Finanzen.**

Weiter geht es entlang der Zimmerstraße. Durch die dort erhaltene Altbausubstanz ist gut zu erkennen, wie eng die Straße ist. Hier konnten sich die Anwohner gegenseitig in die Kochtöpfe gucken. Doch nach dem Bau der Mauer wurde das Erdgeschoss der Ost-Häuser zugemauert und die Fenster vergittert. Bis zur Sanierung der Fassaden nach dem Fall der Mauer waren die

Dieses Schild ‚erklärte' um 1975, warum die Straße in der Nähe des Checkpoint Charlie zur Sackgasse wurde.

96

abgesägten Halterungen noch zu erkennen. Die Mieter wurden nach und nach umgesiedelt.

Der **Checkpoint Charlie** war einer der bekanntesten Berliner Grenzübergänge, aber nur alliiertem Militärpersonal, Ausländern, sowie Mitarbeitern der Ständigen Vertretung der Bundesrepublik Deutschland bei der DDR und DDR-Funktionären vorbehalten. Die Namensgebung „Charlie" ergibt sich aus dem dritten Buchstaben des heutigen ICAO-Alphabets. Der Checkpoint Alpha war die amerikanische Seite des Grenzüberganges Helmstedt-Marienborn an der A 2 und der Checkpoint Bravo die amerikanische Seite des Grenzkontrollpunktes Dreilinden-Drewitz an der heutigen A 115.

Die DDR versuchte die Übergänge an der Berliner Sektorengrenze als Staatsgrenze zu deklarieren. Äußerlich nur mit Schranken und Staatsemblem, aber auch durch ausgeweitete Kontrollen.

Als der stellvertretende Chef der US-Mission in Berlin, Edwin A. Lightner am 22. 10. 1961 in Zivil mit seiner Frau eine Theatervorstellung in Ost-Berlin besuchen wollte, wurde er von der Volkspolizei zur Kontrolle gestoppt. Die US-Amerikaner betrachten dies als Anmaßung und Angriff auf die alliierten Rechte. Daher eskortierte US-Militär wiederholt Wagen mit amerikanischen Zivilisten durch den Übergang. Die Grenzposten ließen sie zunächst ungehindert passieren. Aber schon einen Tag später verfügte das DDR-Innenministerium, dass sich Mitglieder der amerikanischen Militärmission in Zivil bei der Einfahrt nach Ost-Berlin ausweisen müssten.

Um die Entschlossenheit zu demonstrieren, sich den unkontrollierten Zugang nach Ost-Berlin notfalls gewaltsam zu verschaffen, ließ General Lucius Clay am 25. 10. am Checkpoint Charlie zehn US-Panzer auffahren. Als am Nachmittag des 26. Oktober erneut einen US-Major in Zivil nicht passieren konnte, verdreifachte Clay die Zahl der Panzer. Daraufhin schickte die Sowjetarmee am 27. 10. ebenfalls rund 30 Panzer an den Übergang. Die britische Armee brachte am Brandenburger Tor Raketengeschütze und Panzerspähwagen in Stellung.

So standen sich 16 Stunden amerikanische und sowjetische Panzer gefechtsbereit in der Friedrichstraße gegenüber. Die Kommandeure beider Seiten hatten den Befehl, ihre Panzer notfalls einzusetzen.

Am 28. Oktober zogen sich die Panzer auf beiden Seiten zurück.

Noch 1984/85 war der Übergang auf DDR-Seite aufwändig modernisiert und erweitert worden.

Der westliche Kontrollpunkt ist am 22. Juni 1990 abgebaut worden. Er ist heute im Berliner AlliiertenMuseum zu besichtigen. Am 13. August 2000 wurde eine originalgetreue Rekonstruktion der ersten Kontrollbaracke enthüllt. Die aufgestapelten Sandsäcke sind mit Beton statt Sand gefüllt.

Der Checkpoint Charlie 1977 von West-Berlin aus gesehen

Bereits am 14. Juni 1963 hatte hier das heute noch bestehende Mauermuseum eröffnet.

Einem breiteren Publikum wurde der Übergang durch den zweiteiligen Spielfilm „Die Frau vom Checkpoint Charlie" bekannt, der erstmals 2007 im Fernsehen gezeigt wurde.

Die Sicherungsanlagen auf östlicher Seite bestanden aus mehreren Schranken und Barrieren, durch die die Fahrzeuge Slalom fahren mussten. Bewaffnete Posten auf Wachtürmen sollten jeglichen Durchbruchversuch verhindern. Dennoch war der Checkpoint Schauplatz spektakulärer Fluchten aus dem damaligen Ost-Berlin, von den hier vier genannt seien:

– Der 20jährige Österreicher Heinz Meixner (Elektriker in West-Berlin) wollte seine gleichaltrige Verlobte Margit (Buchhalterin in Ost-Berlin) in den Westen holen. Bei einem Autoverleiher entdeckt er einen Roadster vom Typ „Austin Healey Sprite" ohne Windschutzscheibe. Zusätzlich reduziert er den Reifendruck, sodass der Wagen nur noch knapp 90 cm hoch war. In der Nacht zum 5. Mai 1963 fuhr Meixner – als Ausländer legal – mit dem geliehenen Wagen nach Ost-Berlin. Seine Freundin Margit versteckte sich unter dem Verdeck und deren Mutter im Kofferraum. Am Checkpoint Charlie angekommen gab er Gas, duckte sich und raste mit Tempo 80 unter den Schlagbäumen hindurch. Seit dieser Zeit rüsteten die Grenztruppen alle Schranken mit Längsstreben aus. Der Trick klappte kein zweites Mal.

– Ein DDR-Bürger erschien am Checkpoint Chalie und erklärte dem Grenzposten außer Atem und mit imitiertem Dialekt, er sei Österreicher und habe soeben ein Telegramm erhalten, seine Mutter in West-Berlin würde im Sterben liegen. Vor Aufregung habe er nun seinen Pass vergessen. Der Kontrolleur schickte ihm zum Kommandanten. Dem erzählte er dieselbe Geschichte, nur dass er aus West-Berlin käme und seine sterbende Mutter in Ost-Berlin sei. Der Kommandant aber schickte ihn nach West-Berlin „zurück", um den ‚fehlenden Pass' zu holen.

– 1974 nahm der Volkspolizist Burkhard Niering einen Passkontrolleur als Geisel und wurde bei dem folgenden Fluchtversuch erschossen.

– Hans-Peter Spitzner (geb. 1954) aus Chemnitz (damals Karl-Marx-Stadt) ließ sich mit seiner siebenjährigen Tochter am 18. August 1989 im Kofferraum eines Alliiertenfahrzeugs über die Grenze bringen. Er war der letzte Flüchtling dort. Im Jahre 2010 erschien sein Buch „Die Nadel im Ozean – Die Letzte Flucht am Checkpoint Charlie".

Der Fall Peter Fechter

Am Freitag, dem 17. August 1962 kam es in der Nähe vom Checkpoint Charlie zu dramatischen Szenen. Um 14.11 Uhr sprangen die zwei 18jährigen Maurergesellen Peter Fechter und Helmut Kulbeik aus dem Erdgeschossfenster des ungenutzten Hauses in der Zimmerstraße 72–74, um die Grenzanlagen zu überwinden. Sie bestanden damals noch aus grob gefügten Hohlblocksteinen mit Stacheldraht darauf. Sie konnten den ersten Stacheldrahtzaun überklettern und rannten die rund zehn Meter zur Mauer.

Doch die Grenzposten, der Unteroffizier Rolf F. (26) und der Gefreite Erich Sch. (20), entdeckten sie und gaben aus 40–50 m Entfernung zusammen mit einem dritten Schützen insgesamt 35 Schüsse ab.

Helmut Kulbeik sprang trotzdem die Mauer hoch, kletterte durch den Stacheldraht und ließ sich auf die West-Berliner Seite fallen. Peter Fechter dagegen zögert Sekundenbruchteile, offensichtlich geschockt durch die Schüsse. Als er schließlich doch zum Sprung auf die Mauer ansetzte, wurde er getroffen, rutschte zurück und stellte sich zum Schutz hinter eine Mauerverstärkung. Als noch einmal auf Fechter geschossen wurde, brach dieser zusammen und schrie laut um Hilfe. Daraufhin liefen auf beiden Seiten der Mauer Menschen zusammen. Auf der Ostseite wurden die Passanten sofort von Ordnungskräften verscheucht. Auf der Westseite hatte die Polizei Mühe, aufgebrachte West-Berliner zurückzudrängen. Einige rannten zu den dort stationierten US-Militärpolizisten. Sie sollten den Schwerverletzten aus dem Todesstreifen heraus holen. Doch die waren sich unsicher, telefonierten, während Fechter weiter schrie, und bekamen schließlich von Generalmajor Albert Watson, dem damaligen US-Kom-

An der Stelle, an der Peter Fechter erschossen wurde, legten West-Berliner Blumen und Kränze nieder (20. 8. 1962). Foto: Johann Willa

mandanten von Berlin, die Anweisung: „Tun Sie nichts." So standen die jungen GI's hilflos einer wütenden Menschenmenge gegenüber, die sie erregt und laut-stark dazu aufforderte, doch endlich einzugreifen.

West-Berliner Polizisten konnten Fechter lediglich Verbandspäckchen zuwer-fen, was angesichts der schweren Schussverletzungen nur eine hilflose Geste war.

DDR-Grenzsoldaten wagten sich nicht aus der Deckung. Sie befürchte-ten, dass die Polizisten im Westen auf sie schießen würde. Die Sorge war nicht ganz unbegründet: Vom 18. 4. bis zum 14. 8. 1962 wurden fünf DDR-Grenz-soldaten erschossen, entweder von westlicher Seite oder von Kameraden auf der Flucht.

Während dessen wurden die Hilferufe des schwer verletzten Fechters immer schwächer und gingen schließlich in ein Wimmern über – er verblutete langsam.

Erst kurz nach 15 Uhr warfen die DDR-Grenzer eine Nebelgranate und transportierten den leblosen Körper unter „Mörder, Mörder"-Rufen von west-licher Seite ab.

Noch am selben Tag errichteten West-Berliner gegen 17.30 Uhr an der Stelle ein Holzkreuz.

Seit 1999 steht an der Todesstelle von Peter Fechter eine rostrote Stahlsäule; das originale Kreuz kann im Museum „Haus am Checkpoint Charlie" besichtigt werden.

Die Todesschützen verurteilte ein Gericht 1997 zu 21 und 20 Monaten Haft auf Bewährung; der dritte Grenzpolizist war bereits verstorben.

Schlussbemerkungen

Bereits ein halbes Jahr vor dem Fall der Mauer, am 3./4. 4. 1989, wurde der Befehl auf Flüchtlinge zu schießen, aufgehoben. In der Niederschrift über die Rücksprache beim Minister für Nationale Verteidigung der DDR heisst es u. a.: *Wenn der Minister für Nationale Verteidigung sagt, daß kein Schießbefehl existiert, dann darf man auch an der Staatsgrenze nicht schießen oder der Verteidigungsminister verliert an Glaubwürdigkeit. …*

Es darf nicht auf fliehende Menschen geschossen werden, wenn es keinen Schießbefehl gibt.

Es muß durchgesetzt werden, daß nur dann geschossen wird, wenn Leib und Leben der Grenzsoldaten gefährdet werden. …

Es gilt zu beachten: Lieber einen Menschen abhauen lassen, als in der jetzigen politischen Situation die Schußwaffe anzuwenden.

Natürlich wurde der Beschluss nicht veröffentlicht, sondern nur den Grenzern bei Dienstantritt mitgeteilt. Erst zwei Monate zuvor war der 20jährige Chris Gueffroy am Britzer Verbindungskanal an der Grenze zwischen Treptow und Neukölln von dem DDR-Grenzsoldat Ingo Heinrich erschossen worden. Gueffroy war in dem Glauben, der Schießbefehl sei bereits aufgehoben.

Vom Tag des Mauerbaus am 13. August 1961 bis zum Fall der Berliner Mauer am 9. November 1989 kamen an der Berliner Mauer bei dem Versuch, die Grenzanlagen zu überwinden, mindestens 98 Personen ums Leben. Acht Grenzsoldaten der DDR wurden während des Dienstes entweder von ihren Kameraden oder von Flüchtenden bzw. Fluchthelfern erschossen. Weiterhin kamen 27 Personen ohne Fluchtabsicht ums Leben.

(Deutscher Bundestag, Drucksache 16/6486, 21. 9. 2007)

Abschließend sei von einem Vorgang berichtet, der das Groteske der Situation in Berlin verdeutlicht:

Am 13. August 1986 (Jahrestag des Berliner Mauerbaus) kam es in der Gegend des Übergangs Checkpoint Charlie auf der Westseite zu Provokationen ehemaliger DDR-Bürger gegenüber Ost-Berliner Grenzsoldaten. Daraufhin organisierte die DDR über ein seit den 80er Jahren bestehendes Rotes Telefon an einem anderen Übergang ein „Grenz-Treffen".

Ein DDR-Grenzoffizier beschwert sich über „provokatorische Handlungen" an der Mauer. Ein West-Berliner Polizei zeichnet die Beschwerde mit einem Cassettenrecorder auf.

Ein hochrangiger älterer Grenztruppen-Offizier mit Brille wurde in Begleitung eines weiteren Uniformierten zur Grenzlinie geschickt. Auf der anderen Seite standen drei West-Berliner Polizisten.

Der Offizier öffnete seine Mappe und begann mit versteinerter Miene einen Zettel vorzulesen:

Ich fordere Sie wiederum auf, energische Maßnahmen einzuleiten, um die Verletzung des Hoheitsgebietes der Deutschen Demokratischen Republik an der Charlottenstraße und damit verbunden die provokatorischen Handlungen zu unterbinden. Ich mache Sie aufmerksam, dass Sie für die Folgen dieser Handlungen die volle Verantwortung tragen. Ich erwarte, dass Sie unverzüglich energische Maßnahmen einleiten. Haben Sie meinen Protest verstanden?

Ein West-Berliner Polizist hatte gleichfalls einen vorbereiteten Zettel parat und musste nun diesen als Antwort vorlesen:

Ich habe diese Erklärung entgegen genommen und werde Sie meiner vorgesetzten Dienststelle zur Kenntnis bringen. Ich weise darauf hin, dass dieses Zusammentreffen rein technischer Natur war.

Der Grenzoffzier erwiderte: *„Ich habe Sie verstanden!"*

Er salutiert und beide Seiten nuschelten immerhin: *„Wiedersehen".*

Zu sehen ist die ganze bizarre Szene auf http://www.youtube.comwatch?v=bm5_wGLpYNk&feature=related (Titel: „DDR-Grenzer protestieren an der Mauer")

Dieser Mitschnitt wurde auf youtube kommentiert. Einige Bemerkungen seien hier zitiert:

djawad85: ein zusammentreffen „technischer" natur hahahaha ich lach mich weg … gut das er das sagt sonst hätte ich glatt vermutet da treffen sich fünf alte saufkumpanen ;-)

bienenpabst: browogadohrische handlungen, ni wahr!

DudeHamburg: Ist das grotesk – die glaubten doch selber nicht was sie da erzählen mussten. Die müssen den Mist von Zetteln ablesen. NeeNee.

surfside05: Die Szene könnte von Loriot stammen … ;-) Ein tolles Zeit-dokument!

Footharry2008: Welch ein lächerliches Spektakel, gut, dass die Mauer weg ist!

Dem ist nichts hinzuzufügen.

Das Grenzsicherungssystem der DDR rund um West-Berlin
(Zahlen vom Juli 1989)

Gesamtlänge der Mauer um West-Berlin: 155 km

Länge zwischen Ost-Berlin und West-Berlin: 43,1 km

Betonplattenwand: 106 km

Metallgitterzaun: 66,5 km

Wachtürme: 302

Bunker: 20

Hundelaufanlagen: 259

KfZ-Sperrgräben: 105,5 km

geglückte Fluchtversuche: 5.075

davon Angehörige bewaffneter Verbände: 574

Literaturverzeichnis

- Arndt, Jens: Glienicke. Vom Schweizerdorf zum Sperrgebiet. Berlin 2009.
- Behrendt, Hans-Dieter: Guten Tag, Passkontrolle der DDR. Schkeuditz 2008.
- Leech-Anspach, Gabriele: Berlin-Steinstücken. Insel vor der Insel. 1929–1988. Berlin 1990.
- Deutscher Bundestag, Drucksache 16/6486, 21. 9. 2007.
- Die Mauer und ihr Fall. Presse- und Informationsamt des Landes Berlin, 7. Auflage 1996.
- Durie, William Durie, Dieter Riedel u. Friedrich Jeschonnek: Alliierte in Berlin 1945–1994. Berlin 2007.
- Jacob, Katja: Immer noch keine Lust zum Spiel mit den Westlern. In: Der Tagesspiegel vom 2. 3. 1995.
- Münch, Ingo von (Hg.): Dokumente des geteilten Deutschland. Stuttgart 1968. („Berliner Protokoll über die Ausgabe von Passierscheinen an Westberliner für Verwandtenbesuche vom 17. Dezember 1963", S. 395–98.)
- Ortinau, Gerhard: Berlin-Bahnhof Friedrichstraße. In: Berliner Hefte, Heft 16, 1981.
- Schlimpert, Gerhard: Brandenburgisches Namensbuch, Teil 3, Die Ortsnamen des Teltow. Weimar 1972.
- Simon, Christian: 750 Jahre Wedding. Berlin 2001.
- ds.: Bezirkslexikon Steglitz-Zehlendorf. Berlin 2004.
- ds.: Hauptstadtbauten in Berlin. Berlin 2005.
- ds. und Wolfgang Stapp: Rund um das Hotel Maritim. Berlin 2005.
- Wilderotter, Hans: Das Haus der Abgeordneten: Ein Denkmal preußischer und deutscher Geschichte in der Mitte Berlins. Philo Fine Arts, Dresden 2001.

Links:
http://www.chronik-der-mauer.de
http://www.welt.de/politik/article3828831/Das-Gespraech-zwischen-Ulbricht-und-Chruschtschow.html
http://www.stadtschnellbahn-berlin.de/geschichte/personen/kittlaus/index.php
http://de.wikipedia.org/wiki/Friedrich_Kittlaus
http://www.berliner-untergrundbahn.de/ou-01.htm

http://www.euractiv.de/druck-version/artikel/13-august-1961-die-wut-das-schweigen-003502

http://de.wikipedia.org/wiki/Bahnhof_Berlin_Friedrichstraße

http://www.stadtschnellbahn-berlin.de/bahnhof/bahnhof.php?bhf=511

http://de.wikipedia.org/wiki/Tiefwerder

http://www.seeburg-city.de/city/TiefenwerdenWiesen/tiefwerder_wiesen.htm

http://www.epoche-3.de/flucht.php (Michael Neuhauß)

Abbildungsverzeichnis

Verlags-Archiv: **23, 24, 26, 29, 30, 33, 37, 46, 50, 51, 52, 57, 59, 60, 61, 63, 65, 66, 68, 71, 83, 87, 91, 92, 94, 96 oben u. unten**

Maria Simon, geb. Deing: **Umschlag vorn u. hinten, 74 unten, 77**

Berlin. Aus dem Leben unserer Heimatstadt. Von Willy Jäger und Helmut Steinhardt. Kulturbuch-Verlag GmbH 1970, S. 29 (genehmigt am 4. 3. 2011): **43**

David Wintzer (gemeinfrei): **48**

Stadtplan von Berlin, Blätter 4063/3063, 1 : 4000, 1953: **55**

Finkenkrug: Falkensee, Maßstab 1 : 7500, bearbeitet und hergestellt vom Rat des Kreises Nauen, Abteilung Innere Angelegenheiten – Kataster – in Nauen im Jahre 1960, Quelle: Museum und Galerie Falkensee, Archiv (Ausschnitt): **58**

Stadtplan Berlin um 1965: **67**

Carsten Schütte: **76**

Album von Berlin, Globus Verlag (gemeinfrei), Fotograf unbekannt: **95**

http://www.youtube.comwatch?v=bm5_wGLpYNk&feature=related: **102**

Fotos aus dem Landesarchiv Berlin

  11: LAB, F Rep. 290, Nr. 69 239 (Foto: Horst Siegmann)

  18: LAB, F Rep. 290, Nr. 100 590 (Foto: Johann Willa)

  19: LAB, F Rep. 290, Nr. 100 607 (Foto: Johann Willa)

  27: LAB, F Rep. 290, Nr. 2390 (Foto: Wilhelm Rißleben)

  35: LAB, F Rep. 290, Nr. 248 395 (Foto: U. Kubisch)

  36: LAB, F Rep. 290, Nr. 176 987

  39: LAB, F Rep. 290, Nr. 78 187 (Foto: Horst Siegmann)

  53: LAB, F Rep. 290, Nr. 155 558 (Foto: Bert Sass)

  62: LAB, F Rep. 290, Nr. 76 554

  74: LAB, F Rep. 290, Nr. 77 222 (Foto: Horst Siegmann)

  75: LAB, F Rep. 290, Nr. 225 472 (Foto: Ludwig Ehlers)

  79: LAB, F Rep. 290, Nr. 146 260

  85: LAB, F Rep. 290, Nr. 227 271 (Foto: Ludwig Ehlers)

  88: LAB, F Rep. 290, Nr. 294 283 (Foto: Ludwig Ehlers)

  98: LAB, F Rep. 290, Nr. 323 587

  100: LAB, F Rep. 290, Nr. 83 965 (Foto: Johann Willa)

Die erste Adresse Deutschlands ist das Berliner Schloss Bellevue als Amtssitz des deutschen Bundespräsidenten. Mit dem Gebäude verbinden sich über 200 Jahre preußischer und deutscher Geschichte, von der der Kunsthistoriker Reinhart Grahl kenntnisreich und kurzweilig erzählt. Kaum jemand weiß, dass das Schloss nach Ende der Hohenzollernherrschaft eigentlich abgerissen werden sollte. Wer erinnert sich nicht daran, wie die falsche Königin Beatrix (Hape Kerkeling) kurz vor dem Eintreffen der echten Monarchin hier vorfuhr und für helle Aufregung sorgte? Auch den Schlosspark stellt Grahl vor. Wer hätte geahnt, dass einst Max Reinhardt und Gustav Gründgens dort wohnten?

Dem architektonisch eigentümlichen Bundespräsidialamt ist ein eigenes Kapitel gewidmet. Schließlich wird auch die Frage geklärt, was es mit der Fahne auf dem Schlossdach auf sich hat.

Zahlreiche historische und zeitgenössische Abbildungen runden das Bild ab.

Reinhart Grahl:
Die erste Adresse Deutschlands.
Das Schloss Bellevue und seine Geschichte.

ISBN 978-3-936242-12-6
56 S., 23 Abb., 11,5 cm x 18,5 cm, 5,00 EUR

Karl-Heinz Barthelmeus

Gräber, Gründer und Gelehrte

Der Alte St. Matthäus-Kirchhof

Ein Archiv der Stadtgeschichte

Christian Simon Verlag

Der Alte St. Matthäus-Kirchhof in Berlin-Schöneberg liegt nur scheinbar unscheinbar etwas eingezwängt zwischen Hinterhöfen, Bahngleisen und Straßen. Aber hier öffnet sich ein Archiv Berliner und deutscher Geschichte, denn viele bedeutende Männer und Frauen wurden hier bestattet. Dieses Buch ist aber kein Friedhofsführer im klassischen Sinne, der hurtig zwischen den Gräbern hin und her huscht, Daten und Lebensmarken herunter ratternd.

Die Liste der bekannten Persönlichkeiten die hier ruhen, ist fast ebenso lang wie die derer, die hier nicht mehr ruhen. Dieses Buch verrät aber nicht nur, warum und wer als Leichnam sein Grab wieder verlassen musste und wo die Toten (wie z. B. der Verleger Langenscheidt) nun bestattet sind. Der Autor nimmt den Leser mit auf eine Zeitreise, als die hier bestatteten Gründer und Gelehrten noch lebten und erzählt von ihrem Leben und Dahinscheiden.

Dabei musste eine Auswahl getroffen werden: die Brüder Grimm, der Chemiker Mitscherlich, die Mediziner Virchow und Langenbeck, der „Milchmann" Bolle, der Bankier Hansemann, u. a.

Auf einem kunsthistorischen Spaziergang begegnet der Leser Vertretern der Berliner Bildhauerschule wie z. B. Drake, Eberlein, Kiss und Wredow, die ebenfalls auf dem Kirchhof begraben sind. Schließlich beschreibt Barthelmeus einfühlsam, wie im Wandel der Zeiten eine neue Friedhofskultur entstanden ist. Zudem enthält das Buch zahlreiche Abbildungen wie Fotos, Zeichnungen, Gemälde und Karten zu unterschiedlichen Themen und Epochen.

Karl-Heinz Barthelmeus:
Gräber, Gründer und Gelehrte. Der Alte St. Matthäus-Kirchhof.
Ein Archiv der Stadtgeschichte.

ISBN 978-3-936242-06-2
152 S., 103 Abb., 17 x 24 cm, 16,80 EUR